自由な国の緘黙社会

伊藤彌彦●著

萌書房

まえがき

明治期に始まる戦前日本、八・一五以後の戦後日本、そして現代の日本において、日本は変わったのだろうか。もっと細かくいえば、日本国家は変わったか、日本社会は変わったか、そして日本人は変わったのだろうか。近代日本政治史の講義を担当してきた筆者の関心はこの問題にあった。国家も社会も日本人も大いに変わったことはだれの眼にも明らかであろう。しかし変わらなかった面もある。それらは美点として維持保存された面もあるが、変えようと努力しても変わらなかった部分もある。筆者の関心はこの最後の部分にもある。

「自由」の問題でいえば、日本は明らかに自由な国になっていった。しかし、所属する組織で「ものが言いにくい」、「ものが言えない」会議は相変わらず多い。

経済の問題では、日本は明らかに豊かになっていった。ただし戦前の場合、地主—小作人の社会構造の下での経済成長は、貧富の格差を拡大させ「米騒動」のような暴動を自然発生させた。これに比べ戦後の高度成長は九割の超える日本人に中流意識をもたらしたのであった。しかしそこでも「コスイ」、「さもしい」というマイナス道徳——社会の底辺で生き延びるために身につけた智恵——は消え去ってはいないし、「要領よくたちまわる」という世渡りの術は旺盛である。

この国で他人の行動を規制するモラルはしばしば、否定語として発せられる。長年、逸脱児童のカウンセリングにあたってきた専門家は、その経験をこう総括する。逸脱児童に対して世間が投げかけることばは「甘えている」「わがままだ」「こらえ性がない」「怠けている」「協調性がない」「自分の主張ばかりしている」等である。〝その背後に、「自分を抑える」「集団に合わせる」「みんなに合わせる」「一生懸命頑張る」「我慢する」等のことを重んじる独特の価値体系が見えてくる〟と。そして世間のモラルを受容して集団内に留まろうとするふつうの人間は「適当につきあって、受け流す」技術、もっといえば「面従腹背」の術をもって日本社会を遊泳する、と（近藤邦夫『学校臨床心理学への歩み、子どもたちとの出会い、教師たちとの出会い』福村出版、二〇一〇年、一七八頁）。

この集団同調主義、和の精神は、良きにつけ悪しきにつけ、この国に古くから存在していた。素直な心、清き心、明かき心で集団に奉じることが「善」とされ、集団に背くことが黒き心、邪《よこし》まな心で「悪」とされるのは、『古事記』以来の変わらない価値観である。和の国なのである。

国家を、福沢諭吉にしたがって「未開」「半開」「文明」に分類して見ると、明治以降の日本は大小の波動を繰り返しながら「半開」から「文明」へと進んできた。しかし「人権」などをみるとまだ発展途上国の日本である。

また社会を「上流」「中流」「下流」と分けてみる。荒っぽい定義をすれば、上流階級は働かなくても食べていける人々である。したがって余った時間を自分のこと以外の公共のために使える人でもある。下流階級は自分が食べていくのに精いっぱいで「溜《た》め」のない人々である。生き延びるためには「コスイ」行動様式が必須であることも起こる。上流と下流の二重構造が顕著だった戦前に比べて戦後は、農地解放と高度経済成長のおかげで中流意識社会が形成された。中流階級は「上流」「下流」の中間の人々で、上と下の両方の要素をもって生活している。その底の浅い中流意識についても筆者がこだわる事柄である。

たしかに戦前社会と戦後社会の質のちがいは大きい。それはたとえば関東大震災と阪神淡路大震災にみられる。一九二三（大正十二）年九月一日昼の十一時五十八分に起きた関東大震災では、喰いつめた人々の集まる吹き溜まりの東京、生き馬の目を抜くような生存競争をしていた大都市で、さらに六年前に起こったロシア革命の影響を恐れる政府当局のもとで大混乱する日本人、日本社会、日本国家があった。

一九九五（平成七）年一月十七日朝五時四十六分に発生した阪神淡路大震災の背景には高度成長後の社会があった。一九六〇年代を中心に地方から集団就職で京阪神に出て来た中卒者は「金の卵」と呼ばれて職場も住居も与えられた。第二次、第三次産業労働者となり、やがて結婚し、マイホームを築き堅実な中間層に育った。さらに時代は、冷戦終了を象徴するベルリンの壁崩壊から六年目の国際協調時代であった。そこに起こった大震災の時、自発的にボランティア活動を行う日本人が出現し、それを支える日本社会、日本国家（村山内閣の鈍重な危機認識は誉められないけれども）があった。

そして現在の日本ではその中流が溶融しはじめた。新自由主義経済政策の導入、「リストラ（再構築）」の名目で行われる企業本位の人員解雇、非正規派遣労働者採用による低賃金労働、それに追い討ちをかけた二〇一一年三月十一日午後二時四十六分に発生した東日本大震災と大津波そして東京電力原発事故等々によって日本の中流層はやせ細り、二極化する徴候をみせている。ドッジラインに沿って収支均衡予算を編成した一九四九年以降、健全財政の日本であったが、一九六五年に再開した赤字国債の発行は、第二次オイルショックで急増した。八〇年代に入り鈴木善幸内閣はゼロシーリング予算を組み、財界も協力して第二臨調（土光臨調）で行財政改革を実現させたが、その後も赤字国債は増え続け、いまや一千兆円をこえる国家債務を子孫に残す、いわば「財政的」幼児虐待の国となっている。


本書に収録した文章は、筆者が大学で教育研究生活を開始した一九七三年以降に書き散らしたものである。それは高度成長時代のほぼ完成期から安定成長時代、さらにプラザ合意を経て「失われた二十年」の時代に当たる。

原稿に目を通した萌書房《きざす》の白石徳浩さんからは、ここには筆者の通奏低音が流れてますね、と指摘された。そして本のタイトルを『自由な国の緘黙社会』としてはどうか、とまったく筆者の予想していなかった題名を提案された。しかし、言われてみれば、それは通奏低音というか固執低音というか、核心を見透かされた気持ちである。この点も含め、前著『未完成の維新革命』につづいて本書の刊行を引き受けていただいた白石徳浩さんに厚く感謝申し上げたい。また昔の対談の再録をこころよく許諾して下さった日高六郎先生にも感謝申し上げたい。

出版費用の面では、同志社大学の研究費の一部ならびに同志社大学人文科学研究所専従研究費を使わせていただいた。あわせて謝意を申し上げたい。

二〇一一年十二月　まだ豊かに竹林の残る京田辺の里にて

伊藤彌彦

自由な国の緘黙社会＊目次

Ⅲ　もの言えぬ風景・書評

自由な国の緘黙社会

I

個人主義の風景

個人主義と現代（対談：日高六郎・伊藤彌彦）

西欧思想の輸入

伊藤　日高先生訳の『自由からの逃走』をいつも政治学の授業で使わせていただいて、それから例の岩波新書の『戦後思想を考える』、これもゼミで使って（笑）。やっぱり学生のなかにかなりファンがいますね。ところで〝個人主義〟というものは大変日本に定着しにくい言葉で、誤解も多いわけですけども、先生は非常に大切なものだと思っておられる。自主的な個人主義といっておられますね。ある意味で考えれば人間は本来個人主義者になるのが自然なのですけど、日本でどうしてそれがうまく伸びないで、抑えられてしまうのでしょうか。人間には感情がありますし、喜怒哀楽をのびのびと表わしたいはずなのに、うっかり卒直に笑えない、怒れない、涙をみせるのは危険だ、いうようなことになっちゃってるわけですね。さらにものを考えるという場合に、自由に考えたり発言したり批判してはいけないというような生活を送っています。そういう抑圧が個人の成長史のなかであるいは日本の近代史において、いつごろから加わってくるのかという点が気になるのです。たとえば教育が、知らない間にそういう抑圧を植えつけて、従順でおとなしい人間を造り、批判力を育てないようにしてるんじゃないか。

日高　そうですね。僕の青年時代、戦前のこと、あるいは戦争中のことを考えると、もう〝個人主義〟という言葉自体がマイナスの意味で使われていましたね。

伊藤　そうでしょうね。

日高　ほとんどもう利己主義ということと同義だった。それこそ滅私奉公の時代ですからね。〝個人主義〟とは、〝非国民〟に通じる、そういう感じだったですね。自由主義という言葉も非常にマイナス・シンボルでしたね。ちょっと冗談のような話がある。僕はたまたま海軍技術研究所という所で、終戦間ぎわに、徴用同様で働いていたのです。そこには東大の文学部関係の人などが六、七人いたかな。そのなかに、ヘーゲルを戦前から訳していた金子武蔵さんがおられた。ある時、海軍技術研究所の研究会でおっしゃったのが、いまだに忘れられない。「ヘーゲルの『法哲学』で、すでにヘーゲルは予言している。彼によれば世界は、家族・社会・国家という段階を弁証法的に進んでいく。明らかに欧米は今なお市民社会の段階で、日本はすでに国家の段階に到達している」と（笑）。そこでこの戦争は日本が必ず勝つと、すでに大哲学者ヘーゲルはつとに予言している……という話でした。

伊藤　金子さんがいった言葉、へぇー。

日高　そう。僕も本当いうとたまげましたね。だけどもね、市民社会の、ピュルゲルリッヘ・ゲゼルシャフトという、個人主義原理にもとづく社会をはるかに超えた、共同体的な国家主義原理の優位について、ヘーゲルを引用して話をされるという、そういう空気がひろくあったわけですよねえ。

ところで敗戦になった時に、こんな錯覚は吹きとんでしまう。そして民主主義ということになるのですが、そこに二つの民主主義という言葉が出てくるわけでね。二つの民主主義というのは、もちろんマルクス主義派から出てきた言葉であって、簡単にいえば民主主義にはブルジョア民主主義とプロレタリア民主主義と、二つの民主主義があるという説ですね。ところがプロレタリア民主主義を主張する側にも、大きく二つの流れがありました。今活躍している人でいえば埴谷雄高氏だとか、あるいは佐々木基一、それからすでに物故された荒正人とか、平野謙だとか、そういうような人たちが作った『近代文学』という雑誌が当時、非常に若い人たちに影響力をもっていた。特に荒正人氏は若い人に影響力があった。中野好夫さんがそのころ、学生の答案を読むと、誰を下敷にして書いているかわかる。戦争中は小林秀雄、戦後は荒正人（笑）と冗談をいっていたほど。その荒正人は社会主義派なんだけれども、彼は個の自覚を非常に強調したんですね。つまり日本の過去の、いってみれば前近代的な軍国主義的な時代のなかでは個が全く抹殺されていた。それからの解放ということが今何よりも重要だということを、非常に強調した。それに対して、もう正統派マルクス主義（というのは、共産党ということですが）の側からは、荒正人のそういう考え方は近代主義であるということで批判をする。そういう二つの流れがあった。

そこで敗戦直後の思想の地図でいうと、まず前近代、あるいは封建的な意識も残っている。次には自由主義の立場からそれを否定して、ある種の個人主義を主張しようという人たちがいる。第三番目に荒正人的な、社会主義を目ざしながら、いわば近代的自我の確立の必要を強調する人がいる。第四番目にはいわばオーソドックスな社会主義派は、そういう個人主義はいわゆるブルジョア民主主義で、それはやはり否定されなければならないという。大体四つの潮流があったんですね。

伊藤　「惜しみなき献身を」というのが最後の方になるわけですか。

日高　そう、第四番目になるんですね。個の自立・自覚を主張する立場は、苦境に立った。なかなか民衆のなかに定着しない。他方、左の方からは、おまえはブルジョア民主主義であると批判される。あるいは修正主義として批判される。丸山真男さんとか大塚久雄氏だとか、ああいうような人たちは個の自立の問題を、当初からずっと説き続けるわけですね。僕なんかもどちらかというと、そういう立場で『近代文学』にも参加していた。

伊藤　明治維新のころだったら、福沢諭吉が非常に大事な役割を果たしますね。そういう意味での福沢を、戦後もう一度、丸山先生なんかが紹介するという形をとりますね。

日高　福沢はものすごく幅の広い人物だと思うんですよ。つまりね、太平洋戦争のころには、小泉信三氏なんぞが国家主義、国権主義者として評価しますね。当時の岩波新書にも出てます。

伊藤　確かに福沢は誤解もされやすい多面的な巨人ですね。僕も戦前に出た小泉信三の『学府と学風』

という本をこの間手に入れましたけど、福沢の膨張主義的な部分を、今だったら批判されているようなことを、まさにほめていってますね。先生の世代では戦前の福沢のそういうイメージがまず普及している……。

日高　敗戦直後には、これはもう「天は人の上に人を造らず、人の下に人を造らず」というあの言葉がＮＨＫラジオの定期番組の初めに必ず読まれる。つまり福沢が国権主義者ではなくて民主主義者、近代民主主義の思想家として登場してくるわけですね。だけども、同時に『学問のすゝめ』では、「天は人の上に人を造らず、人の下に人を造らず、と云へり」（笑）、となっているのですよね。「と云へり」というのはＮＨＫのアナウンスにはないわけ（笑）。「と云へり」というのは大切なところなんだなあ。「と云へり」というのは西洋ではそういっているということでしょ。だから西欧の思想として輸入するという側面が確かにあるわけで、つまりそれが近代主義といわれるわけですけどもね。ある種の追いつき追い越せという発想ともつながっていくようなところがある。しかし確かに輸入思想という側面があって、それがさっきいった前近代的な社会関係、人間関係の世界になかなか接ぎ木ができにくいという側面としてずっと残りましたね。だから「と云へり」というのは、よかれあしかれ、相当に重要な表現だと思うんですよ。ただし福沢を輸入学者として全面否定するのは間違いだし、同時に福沢にもそういう側面があったということを見のがしてはならない。彼のそういう二つの側面を理解するということと、日本の個人主義が日本の風土のなかでどういう運命をたどるかということとね、何かつながってるという気がするんです。

伊藤　あの本が明治のころに爆発的に売れたわけでしょう。ということはやっぱり国家や共同体以前の存在としての人間に気づいた文明開化期の人々の琴線に触れるものがあったわけですね、その言葉が。そして大胆にエゴイズムを肯定してみせて、これからは「腕前の世の中」であって、肩書、身分じゃなくて実力だと説いたのは魅力的だったでしょう。ただそうしていると社会のなかに混乱や喧躁が起こるわけですけれどもそれも悪くないんだ、むしろそういうなかから活気のある新しい社会秩序が出てくるという見識、エゴイズムを制度化していくような方向を構想していたと思うんですけれど。そういうのが消えていってしまいましたし。

日高　消えていったという意味は、日本のその後の歴史のなかで消えていった。福沢のなかからという意味ではなくてですね。

生活は向上したけれど

伊藤　そうです。歴史のなかからという意味です。戦後もどうなんでしょうか。だんだん消えていきつつあるんじゃないでしょうか。

日高　そうですね。まあ僕は、これは図式的にきこえるかもわからないんですけどね、消えていく、そのいき方にいくつかの道筋があると思うのです。さっき抑圧ということおっしゃってね、確かに自我の解放というか、エゴイズムの制度化というか、抑圧からの解放というか、そういう事態が進行する。しかしその場合に、抑圧してるものは何か。明治の文明開化の時期を、一九四五年八月十五日以後と、つまりこの二つの「開国」の時期をくらべてみると、確かに若干、だぶってるところがあると思うんです。やはり前近代的、封建的諸要素が抑圧の根源になってるんですよね。そういう意味では明治維新は、〝第一の開国〟ということであり、八・一五は、第二の開国だといえましょうね。もっとさかのぼれば大陸文化の導入が第一の「開国」であり、南蛮・キリシタン文化の渡来が第二の開国であり、明治維新は第三の開国で、八・一五は第四の開国とも考えられる。しかし明治維新と八・一五における前近代的要素の意味はかなり違います。前者では、歴史的にいえば当然に存在していた封建社会の重みが問題だったわけだし、後者では、日本資本主義の発展のために、いわば人為的強制的に温存されていた前近代化的部分が問題だったのですからね。福沢諭吉はルソーは読んでいたでしょうが、マルクスは全く知らない。八・一五の時の三〇代、四〇代のインテリは、マルクスはもちろん精読している人たちですからね。福沢は、何も知らない民衆に人間としてのめざめを説くわけですが、八・一五以後のインテリは、知っていてなぜ日本における民主・人権の理念が敗北したかを、後悔の気持をこめて、自己批判したといえるでしょう。そのさい、明治以来の天皇制国家の前近代性の重量が改めて確認されたと思います。そこに抑圧の実体があった。

しかしその後、これは私の『戦後思想を考える』のなかで大分書いたことなんですけど、抑圧する実体が特に六〇年以後の高度経済成長のなかでかなり変わってきたと思うのです。今の抑圧の条件としては、僕は仮にあそこで「管理社会」と名づけている、そういうものがある。今、個人の自立なり解放なりを抑圧してるものは何かといえば、その問題を見逃せない。つまり、戦前あるいは敗戦直後、前近代的な諸要素からの抑圧があったがために個人主義が定着しにくかった。その後戦後の民主化のなかで、それがやや定着しだしてきた時に、今度は管理社会の波が押し寄せてきて……。

伊藤　そこが一番おうかがいしたいとこなんですけれど、結局、戦後いわれた個人主義というものが高度成長の波でどうなっちゃったかということですね。ある意味で個人を非常に解放しているはずでしょう、高度成長で。事実、かなり強い個人も出てきてますし、人々のいろいろな側面が解放されてるのは確かだと思うんですけども、かといって個人主義が定着していってるかというと、そう思えない。高度成長が個人主義を形骸化したと、先生もお書きになってますけど。

日高　管理社会、つまり大量生産、大量流通、大量消費社会という社会形態のなかでは、敗戦直後に最大の課題の一つだった「生活の向上」という目標はある程度実現した。敗戦直後の社会目標といえば、平和、民主主義、独立、そして生活の向上です。今の人には、このなかの独立ということはわかりにくいかもしれない。あの当時、独立ということが大きくいわれた。独立は、あの当時のいわゆる民主陣営のかなり重要な目標だったんですね。あのころは『民族独立行動隊』（笑）なんていう歌があってね。

伊藤　今だったら右翼の（笑）。

日高　そうそう。確かにね。とにかく、平和、民主主義、独立、それから生活の向上なんです。ところが生活の向上というのは一応達成されたわけですね。その時に、個は解放されたか。実は大量消費社会のなかでの生活の向上がまがりなりにも実現した瞬間に、個が喪失されるという（笑）、そういう逆説が起こってくるわけですね。

伊藤　先生もおっしゃってますように、生活の維持が非常に大事な生活目標になってしまってますね。生活は向上したけども、非常にまだ底が浅い住宅ローン支払い中の〝中産階級〟ですから、簡単にいいましたら息子が大学に行ってくれないと親の生活レベルから落ちるかもしれない、そういう恐怖心におののきながら進学、出世競争してるような状態ですね。

日高　そうですね。親も子も、たとえば進学という関門を通って、今の世の中のレールに乗っていかなければ損をすると考える。しかしこの損得の基準にしばられるという形で、個というものが失われていく。前近代的なしがらみのなかで個が失われていくのと、ニュアンスが違うんですよね。

伊藤　それでこういう個を失った形で、かなりよい生活状態になったわけですけども、しかし欧米の場合、生活水準が今の日本より低い時代であっても今の日本が体験しているような競争とか、個人主義の喪失とかを経験してないんじゃないかと思います。そういう意味でいうと、客観的にはかなり豊かになった日本において今日ゆとりある個人主義がもっと定着してもいいはずなのに、何か定着させない要素が社会の仕組みのなかに働いているんじゃないかという気がしてしょうがないんですけども。

教育と管理

日高　少し具体的に考えてみましょう。今年私の大学の短期大学部にね、一人、女子学生が入学してきましてね、それが非常に面白い。ある地方の中都市の進学校なんです。去年、僕がその都市へ行ったときに、その高校の三年生の女子生徒と会ったのです。彼女のいうのに「私は先生の大学を受けたいと思ってる。槌田先生とか日高先生とか名前よく知ってるし、ぜひ行きたい」とこういうわけですね。「あなた、将来はどうするの」と聞いたら、「とにかく自分は女性としても、結婚するとかしないとか、そういうことを別にして、できるだけ自立していきたいと思っている」というわけです。「それはそれでいいけど、自立を考えるならば、四年制の大学を考えてもいいのじゃないか。女子学生は四年制の大学出ると就職などで不利な点もあるけれども、就職してしまえば短大の場合よりは条件はいいですよ、といったんです。彼女は、「いや、そういうことはよくわかっている。自分は現に国立大学進学コースに入っている。入ってるけれども、行く気持がしない。自分は精華に行きたい」というんです。僕は「それならとにかく十二月に試験があるから受けなさいよ」と。「そうします」といって別れた。しばらくしたら電話がかかってきて、「学校の先生に京都精華大学に行きたいから、推薦状書いてくれと頼んだら、先生が書かないというんです。あなたは四年制の国立大学を受けるというクラスに入ったんだから、それを受けてもらわなきゃ困る」と。

伊藤　〝行政指導〟ですね（笑）。

日高　つまりね、彼女は、その高校にとっては国立に入ることができる一人に入っているわけ、母校の名誉……。

伊藤　「母校の名声のために国立大学へ行け。わがままをいうな」ということになるんでしょね。その時のその人の個人の意志というのは〝教育者〟の手で無視されてるわけでしょう（笑）。

日高　僕はびっくりしてね、「へえ、そういうことあるの」。そこで私は事務局に「高校が推薦してくれなきゃだめなのか」と聞いたら、「いや、本人に、なぜ自分の高等学校で推薦状を書かないか、その理由をつぶさに手紙で書いて送ってもらえればそれでいい。その手紙をもって高等学校の推薦状に代える」ってわけ（笑）。融通無碍なところがあるんです。

伊藤　いい制度ですね。学校からの自立（笑）。

日高　彼女受けたら、見事な成績でもちろん合格した。僕はそれ見て、「ゆっくり考えて、共通一次受けるなら受けなさいよ」と、また電話をかけてしまった。家で親子で大分もめたらしい。わかりますよ、親の気持ちもね。自分の子どもはそれだけ実力あるのに、と考えるでしょう。

伊藤　そうでしょうねえ。それ理解できる親だったら相当の親でしょうね。

日高　だけど彼女は自分の意志を貫いて来たんですよ。僕はその時考えたのは、彼女は京都精華大学に入って、大学に失望しても、あるいはよかったと思っても、いずれにしても大丈夫だ、ちゃんとやる女性だと思ったのです。だからそういうふうに僕の方も自分の立場を納得させました（笑）。しかしこれは本当に珍しい例です。つまり、ほんとうの個の自立。

伊藤　世間の常識に反してですね。

日高　それに抵抗したということですよね。しかし本当に珍しい例だと思う。逆にそのことで、日本のなかで個の自立とかいっても、そういうことを貫きにくい条件が多いということがわかりますね。

伊藤　抑圧だと思うんですね。そういう自主的判断を抑える方向で、社会の目もそうですけど、学校教育などでもしつけてるんじゃないでしょうか。

日高　その時にね、彼女が進学指導の先生のところへ行って、精華を受けたいといったら、先生は知らなかった（笑）。ちょっと調べてみるって。

伊藤　偏差値みてるだけでしょうね（笑）。

日高　ものの数に入らない（笑）。それで先生が調べたそうですよ。京都精華大学は偏差値でいうと低い学校だ。こんな程度の低い学校ならこの県にもたくさんある（笑）。

伊藤　その人の場合、進学という個人の問題ですからその程度でおさまりますけど、そういう決断が、自分の属してる組織の利害を損なうとか、組織の秩序を撹乱するとかいう可能性がある場合でしたら、非常に強い反対とか、おそらくわがままだとか生意気だとか、出るクイを押さえろ式の抑圧がかかるんじゃないでしょうかねえ。

日高　それは本当にそうだと思うんですね。

伊藤　やっぱり社会の組織の成り立ちが、個々の人たちのつながりの上に成り立つことを前提にしてないんでしょうか。初めに共同体意識があるということを、当然のようにみることから出発してるわけでしょうか。

日高　今はね、会社共同体について考えてみても、上下の秩序とか和とか、それ自体が目的じゃない。目的は会社の利潤、もうけというところにあるわけでね。だから共同体といっても村落共同体とはかなり違う。そして猛烈社員も会社に奉仕することによって自分にも利益が戻ってくる。自分が認められて抜擢される。ざっくばらんにいえば、会社のために働いているというよりは、自分のために働いているんですね。そのために会社の和、秩序のなかへ自分をはめていくわけですね。だからそこのところも戦前型と現在のタイプは違うと思います。

伊藤　そこでそれを準備する段階として、学校教育の果たす役割は、初等教育、中等教育を含めて非常に大きいと思います。今、日本のロボットが非常に優秀で人間みたいな働きをするといわれている時、逆に人間の方はロボットみたいになってきて、学校も会社人間づくりの準備段階になっているとも思うのです。私は二年近くアメリカのアマースト大学へ行かしてもらって、向こうの地方都市の小学校に子どもを放り込んで暮したもので強烈な印象をもっているわけですが、たとえば日本の小学校は一組で四十数名、人数も非常に多いわけです。授業参観に行くと先生が、教育熱心でいい先生なんですけども、一つの質問を出して、それに対して全員の一つの答しか求めてないのをまず感じるんですね。アメリカの小学校みてたら、子どもたちがこうもああも考えられると、自分の考えをワーワー発言しています。そういう態度が許容され促されているわけです。

日高　単純にいえば共通一次、○×試験の準備ですよね、だからたくさんの選択肢が出てきて、しかも正しい解答は一つなんてことになってるわけなんですね。

伊藤　それから日本の算数の授業で、ある違いを教えるのに「仲間はずれ」という言葉を使う。「この中で仲間はずれの形はどれですか」としょっちゅう、教育のなかでまた、教科書にまで使うんですね（笑）。あれを「個性的なのはどれですか」といえば個人主義になるんでしょうけど（笑）。そうしますと子どもたちのなかで、ちょっとでも違うと異物視する。ところがアメリカの幼稚園段階ですけど、入学最初に「わたしの本」というのを作らせます。「わたしの眼は」の後に空欄があるわけです。「青い」とか「黒い」とか、「わたしの髪の毛は○○」とあって、「縮れてる」とか「わたしの肌は黒い」とか「わたしの家族は……」とか、そうやって「わたしの本」をまず作らせて、自分というものの個性を客観視させせます。さらに四季折々のなかの年中行事を使いまして、「ユダヤ人の日」だとか「黒人の日」だとか、あるいはオリエンタルデーだったら、日本の文化について知りましょうと。異質のさまざまなものに触れさせるようにもってってるんですね。ユダヤ教徒ではこういう祭をする。アイルランド人の日だったらこういう伝統があって、こうしていると。異質なものが触れあうことが楽しいじゃないかというような認め方するんですね。画一化と対照的です。

欧米にくらべて

日高　全くそうだと思うんですね。僕は去年三週間だったけれども、オーストラリアに行った。行く経緯は大変だったんだけれども、オーストラリアっていう国は、僕は今後かなり面白い国になるんじゃないかという感じがするんですね。白豪主義をやめて、オーストラリアは多民族国家になった。アジア人も欧米人も、あるいは東欧の人たちもいる。放送なども多くの言葉で放送し、ものすごく豊富なんですよ。

オーストラリアのラ・トローブ大学の社会学の先生に日本人の教授がいる。その人は日本の大学を出て毎日新聞に入って、やめてアメリカへ行って勉強した。もう十数年オーストラリアに住んでいて、市民権取ってるわけです。子どもはオーストラリア国籍に属してるわけ。だけど家庭のなかでは、両親が日本人だし、日本語で会話をしている。あるいは子どももだんだん大きくなって、英語も混じるようになる。お父さんがやっぱり子どもに、日本人の血を継いでるわけだから、日本の文化なり社会なり教えたいという気持ちがあって、日本へ連れて来たんです。一年間、いわゆるサバティカル・イヤーで連れてきた。それが裏目に出ちゃった。日本の小学校、中学校、高等学校はひどいところだというわけです。つまり個人を無視し人権を無視してる。特に中学校の女の子が、人権無視を訴える。何か悪いことをすると連帯責任で、みんな板の間に正座させられる。彼女は「自分はそういうことしていない。なぜ自分は罰せられなくちゃいけないのか」と、先生に大分くってかかったらしい。

伊藤　それは合理的な説明できないから。

日高　それで、日本は本当にいやだっていい出した。お父さんは日本の良さ、自分の生まれて育った日本の良さを子どもたちにも教えたいと思って来たら裏目に出てしまった。お母さんは割り切ってね、子どもはもうオーストラリアで育ち、オーストラリアで生活するとはっきり決めているんだから、そんなことくよくよするのはおかしいという意見です。とにかく日本の小学校、中学校、高等学校がどんなに画一化しているか。……

伊藤　およそ自主性といいますか、自分で判断をする余地を残さないようなことを日常しているのではないか。

日高　そうですね。よく話題に出るけど、「管理」のいきとどいた県の小学校、中学校などでは、まさに十項目くらいの基準があって、朝歯を磨いたか、朝ウンコをしたか（笑）。

伊藤　京都でもやってますね。

日高　日教組のいろんな教育研究集会なんかでも、しつけの問題で、必ずウンコしてくる習慣つけなきゃだめと先生教える。先生によっては、どのくらいの長さのが出たか（笑）、そういうことまで子どもに聞く。快眠、快便、快食、その三つが一番大切だという。そういうしつけ派と、それからウンコがいつ出たかは子どもによって違うんだから、朝ウンコしなくちゃだめというようなことはおかしいという説と、意見が食い違うわけ。僕は、あんまりウンコの長さまでいちいち報告させる必要ないという派です。だけどもそこのところを、全県一致、全国統一的にいっせいにやりたがる……。

伊藤 それが、きまりだからという形で強制力を発揮して、だんだん自己運動をしていくように思いますね。親が提出を拒否しているケースが少数ありますが、その時は子どもが先生との間で板バサミになっています。

日高 一方は文部省的な管理主義が徹底していて、これは上からの学校管理。ところが他方では、ちょっと誤解をされるとまずいのですが、民主的教育を進めようという側でも、いわゆる〝集団主義〟という言葉が非常に強く出てくる。

伊藤 それねえ、〝グループ教育〟とか。

日高 集団主義教育という言葉はある意味で定着してきているところもあるわけですよ。そもそものそれの始まりは、ソビエトのマカレンコなどから来ているわけでしてね。僕はソビエトのマカレンコは、なかなか優れた教育学者だと思うんだけれども、しかし集団主義教育が絶対的だというふうになってくるところには問題がある。つまり文部省的画一主義教育が片方にあり、進歩派の方も集団主義教育の発想に足をとられていたところもあると思うんですよ。

伊藤 もう一つ、アメリカの話でショックだったのは、新学期が始まる時に、いろいろな通知が来るなかに、「あなたの子どもが学校を休んだ場合に、あなたはマサチュセッツ州の法律によって、欠席理由をいわない権利が保障されています。しかしもちろん、教師に伝えてくれてもかまいません。」という文章が来るんです。小学校の先生は、「これはちょっと不便な法律なんだ」といいながら、毎年父母にそれを配るんですね。日本だったら家庭連絡帳に、「今日は○○で休ませます」と親がハンを押して、当然のようにやるわけでしょう。それをいわない権利がある。違うなあと思いました。宗教から来てるんでしょうけど。学校へ行かせないのは罪悪みたいでしょう、我々の感じでは。

日高　そうですね。だから登校拒否児童が増えると、頭からそれは悪いことであるとして子どもを叱る。そうすると子どもはいたたまれないくらい傷ついてしまう。ある時期には登校拒否の子どもは学校行かせないでいいですよ。それでしばらくするとまた回復して行くことが多い。自分自身の力で。

話が戻りますが、一九八一年に私たちがオーストラリアの二つの国立大学から招待を受けたのに、私たちが「日本赤軍と直接の関係がある」というびっくりするような理由で入国を拒否されたことがありましたね。あの時つくづく感じたのは、先方の大学内部の人たちのキゼンとした姿勢です。なかでもラ・トローブ大学のスコット学長には頭がさがりました。

スコット学長が東京にみえた時、電話かけたら「いつでもお会いしたいと思います」というんですね。ところがそのまえにオーストラリアの新聞社から電話があって「今日夕方、日高先生がスコット学長にお会いになる時、その場面をカメラに撮りたい。向こうの新聞に載せたい」という。「私はいいけれど、スコット先生には迷惑かもわからないし、スコット学長の許可を得てほしい」といっといたんです。それで帝国ホテルへ行ったら、夫妻で親切に歓待してくれましたが、カメラマンが来ないんですよ。時間も大分たったんで、「じゃ、これでお別れしますから」といって下へ降りたんです。エレベーターで降りたら、その次のエレベーターで奥さんが追いかけて降りて来られた。「今、カメラマンが来た。もし都合が悪くなければもう一度戻ってほしいと主人がいっている。一緒に写真に入りたい」というんです。本当に驚いたですね。いってみればオーストラリア政府から、僕は赤軍の直接の関係者であるというふうにいわれてるわけでしょ。その人間を、学長が平気で会って、二人が握手するところをオーストラリアの新聞に出しても何とも思わないという、その度胸というのは大したもんだと感服しました。どこの日本の国立大学考えてみても、そんな度胸のある学長はいないと思って（笑）。えらいですね。

それで今度、僕が向こうへ行った時にね、その学長は僕の公開講義を夫妻で聞きに来られた。講演が終わった時、学長は突然手を上げて、「私にしゃべらせてくれ」と登壇された。そしてこういったんですよ。「今日はASIO（オーストラリアの諜報機関、公安機関）の方も多分みえてると思います（笑）。日高さんの講義を聞いてプロフェッサー日高を公安上危険がある人物とお考えになったでしょうか。大学というところは、あらゆる意見に開放されていなくてはならない場所であって、それを制限することは、大学の自殺行為です。その原則を我々は守らなきゃいけない。今日の日高先生の話は、非常に批判的精神に満ちた講義であると思う。ラ・トローブ大学の学生たちも、ぜひ日高教授のような批判的精神をもつことを期待します」というんです。それで満場わきました（笑）。ほんとうにすごい人物です。

伊藤　その場合この人はどういう人かということを、個人的に審査してるわけでしょう、帝国ホテルで会った時に。そして自分が判断するという、そういう能力が高い。社会的な評価とか、貼られたレッテルを超えて、まさに個人をみる目があるわけですね。個人主義の一つの美点じゃないでしょうか。

日高　日本だったら、対社会的な問題になれば、同僚はどう考えてるか、組織はどう考えるかということを考えざるをえない仕組みですよね。ラ・トローブ大学では、意見の対立があっても、それを抑えつけることは絶対しないそうです。その姿勢はたいへん強いそうです。

伊藤　日本では反論すると、その秩序が壊れるというおそれが大きいみたいですね。

日高　残念ながらそれは大学もそうだし、もう高校、中学、小学校で、本当に管理化されてきている。僕の考えではね、資本主義体制、社会主義体制という、かつての社会体制論の問題とちょっと別に、管理主義が肥大化している。それをどうするかね、これは社会主義社会も抱えている問題だと思うんです。

伊藤　外から締めつけて管理するという安易な人間管理が大手をふっていますね。

日高　それからもう一つ、最近、善意が管理を強めていくというところがありますね。たとえば小学校なんかで子どもたちが、何か不可抗力みたいなことで運動場で大けがしたとか死んだとか事故が起こると、それに対する対策というのは、もっと常に先生が監視して危険のないようにいたしましょうとかいうことになる。どっかの大学でちょっと入学試験問題が漏れたということになれば、すぐ事務局をもっと管理するように厳しくしていくべきだ、そういう発想になる。何か事故とか事件が起こるたびに、ある種のマニュアルみたいなものが細かになっていく。大まかなところでやっていこうというようなことじゃなくって、マニュアルを完璧なことにすることが学園の秩序を維持するということになってますね。

伊藤 そうなってますね。むしろ今こそ学校の拘束時間短くしたら面白いと思うんです。土曜日は休みにして、普段も午後くらいないとかですね。

日高 そうです。だからやっぱりそうしていくと、学校の分担すべき領域がはっきりして、学校が万能じゃないということがわかってきてね、学校の限られた分担領域において、教師はもちろん全力投球しなけりゃいけないんだけれども、教師に無限責任を負わせるようになっていくと、事故が起これはすぐ学校の責任と。このごろは賠償、裁判がはやるからね（笑）。結局、学校だけじゃなくて、病院でも、患者の手当で遺漏がないように、遺漏があって怠ってるようなことがあると後で問題になるということで、不必要な処置までも細かくやっておく。それが患者を苦しめることにもなっているのですよ。

伊藤 もう一つおうかがいしたいと思いましたのは、滅公奉私の場合、ある意味の勝手な立場、個人主義と社会との関連の問題ですね。その点をおうかがいしたいと思ったのですが。

日高 かつて滅私奉公が日本を一度滅したけれども、今のある種の滅公奉私も今後の日本にとってあやうい要素になるんじゃないか。だからその二つを乗り越える方向を考えたいということを僕は考えるのですね。

エゴイズムとヒューマニズム

伊藤　集団が非常に強く、集団が先にあるような形に対して、一方で集団から離れても生きられるではないか、自分の生き方というのは自立することにあるんじゃないかという自己主張があり、確かにそれがないと個人主義というのは出てこないと思うんですけど。それならば勝手でいいかという時に、他方でそういう自分と志を同じくする人々とどう連帯するとかそのへんの関係がどういうふうに組み立てられるべきなのか。

日高　敗戦直後に実はおもしろい論争がありましてね。荒正人がエゴイズムとヒューマニズムは対立概念のようにみえるけれども、エゴイズムを通過しないヒューマニズム、エゴイズムを土台としないヒューマニズムはもろいということを強烈に主張した。それに対して加藤周一が、いや、両者は根本的に対立すると反論しました。その論争をいまちょっと思い出しましたね。

伊藤さんのおたずねは、時代を超えての論争点であり、また同時にたいへん現代的な論点だと思いますね。

現代的というのは、たとえば大人たちのマイ・ホーム主義や青年たちのミーイズムは、社会的つながり（連帯）を作ることができるか、あるいはどのような政治的機能をもっているのか、といった問題とつながっているからだ。また、一部の「戦後政治の総決算」をいうむきからは、「権利ばかり主張して義務を考えない」風潮として攻撃されていることともつながっていると思うからです。たとえば後者についていえば、僕が「ある種の滅公奉私は乗り越えられる必要がある」といったことと同じではないか、という疑問もあると思いますね。

ちょっと長くなるかもしれないけれども、この「エゴイズム」と「ヒューマニズム」との関係、いわゆる利己主義、わがまま勝手と個人主義との関係を、僕なりに考えていいでしょうか。いくらか抽象的になりますが、しかし原理的にです。

ある意味では、エゴイズム的要素をぬきにしたヒューマニズムは考えられない。そのさいのエゴイズムは、イズム（思想）というより、エゴ衝動あるいはエゴ志向といった方がいい。あるいは初発のエゴイズムといってもしいい。

たとえば人間は自分の生命を守ろうとする衝動をもっている。反射行動、食欲、寒暑から身を守る工夫など、生物としての人間は、みなそれらをもっている。また生命に別条はないとしても、性欲も抑えがたい。その他それなしには正常に育つことさえ困難だといわれているさまざまな心理的欲求もある。たとえば、愛情を求める欲求（人間関係を求める欲求）などですね。イズム以前に、それらの志向を否定することはできない。しかし「否定することはできない」といえば、それはすでに思想ですから、エゴイズムは否定できないということになる。ヒューマニズムも志向であり、思想であり、価値であるとすれば、そうしたエゴイズムぬきのヒューマニズムは考えられないといえる。あるいは、初発のエゴイズムと初発のヒューマニズムは同一物だともいえる。未分化の人間の生きる衝動ですから。

しかし、いわばエゴイズムの肥大化ということが起こる。初発のではなく、後発のエゴイズムといってもよい。簡単にいうと、初発のエゴイズムは、枝わかれして、人権的方向と特権的方向とにわかれると思うのです。人間がほしいものは何か。ぎりぎりのところでは、生命がほしい。しかしふつうの日常性のなかでは、金とか、地位とか、名誉とか、快楽ですね。それが肥大化していくと、マモン崇拝とか、立身出世志向や権力欲とか、名誉欲とか、買春観光旅行とかになる。それは必ず〈特権〉の追求になる。しかし、生活の保障・安定のためには、一定の賃銀はほしい。あるいは自分が打ちこめる仕事がほしいし、そのための社会的役割やポストがほしい。あるいは労力・努力――たとえそれが単純労働であっても、いやそうであればなおさら――に対しては社会的に認知されることを求めたい（根本的には、平等への要求）。あるいは生きていくたのしみがほしい。それは、ある意味では、金、地位、名誉、快楽を求めることのようにもみえる。しかしそれらは、人権的要求だと思うのです。

社会的配分のなかで、他者を排除して初めて入手可能なような価値を独占しようとすると、それは特権的エゴイズムとなる。それは、初発のエゴイズムに根をもちながら、しかし後発のエゴイズム（社会的に肥大化し変容した）ではないか。それは、加藤周一のいうように、ヒューマニズムと対立せざるをえない。

僕がいっているのは、たいへん平凡なことだと思う。しかし、いいたいのは、第一に、初発のエゴイズムは否定できないこと、第二に、それを根っ子にして、特権的方向と人権的方向への枝わかれが起ること、そしてそれは異質の価値としてわかれていくことです。

だから、社会の一部に存在している特権的エゴイズムを放置しておいて、「権利だけ主張して、義務を怠る」という非難が、実は人権的方向へ向けられていることは、ひどく偽善的といわざるをえない。

しかし、特権的方向と人権的方向とのけじめ、境界線をはっきり引くことができるかというと、それはかなりむずかしいことがある。たとえば、今の日本人の飽食状態は、第三世界から見れば特権的エゴイズムですね。しかし現実に、日本の庶民のふところは決して楽ではないというのもまた一つの現実ですね。境界線は混沌としている。（後発の）エゴイズムと個人主義も、枝わかれしていくその個所ではつながっている。しかし、枝わかれした後の方向ははっきりと違ってくる。枝わかれ以前の、あるいは枝わかれする場所でのつながりと、枝わかれ以後の分岐と、その二つを事実として認識すること、そのことが重要だと思うのですね。またその枝わかれは、二本ではなく、三本も四本も、もっとあるといっていいかもわからない。

しかし、特権的志向と人権的志向との境界線の部分的あいまいさをいいことにして、明らかな特権を擁護したり（たとえば一審有罪議員の人権を守るといったたぐい）、あるいはあたりまえの人権的要求をエゴイズム、わがまま勝手（特権的要求）とはねつけたりすることがよくあるのですね。あいまいさを事実として認識することを、あいまいさを利用することは全く違うと思うのです。

ともかく、人権を肯定する方向のなかで、また特権を否定する方向のなかで、連帯の問題を考える必要があると思う。その連帯には、自分を犠牲にして、人を助け支えるという連帯と、自分も君も彼も、ともどもに助けあい平等に人生をたのしもうという連帯と、二つある。前者は、できれば見事だが、しかし万人にこれを求めることはむずかしい。またときには、偽善的お説教、あるいは権力から民衆へのおしつけ倫理になる。そうなると、自己犠牲という名目の滅私奉公ですね。

後者も、一見やさしいようだけれど、しかし案外これがたいへんです。現実に、競争社会のなかで、こうした志向は実現困難になっている。しかし、そうした方向への努力をすてたら、これは特権の支配をみとめるという立場をとるほかない。それでは、少し淋しすぎますね。

僕は、学生には、こうした選択の問題を青年として考えろとはいわない。こうしたことは、僕の問題でもあり、君の問題でもあるといっているのです。お説教する資格、つまりそういう特権はだれにもない。ネクラ的いい方になるけれどもやはり生き方の問題ですから、ね。

伊藤 人間にはエゴイズムもヒューマニズムも本能的に備わっている。それらが競争社会という現実のなかで、人権的要求となるか特権的要求となるか紙一重の差で存在する事実を認識すること、大切なご指摘ですね。また自発的連帯とおしつけの連帯では意味がちがってきます。それらを含め世の中は共同体主義の強い時と、個人主義の強い時と常に揺れ動いている気がしますね。

（同志社大学宗教部『レゴー』第八号、一九八四年初夏〔六月〕）

近代日本の個人主義（概観的試論）

1 はじめに

以下の小論は二〇〇二年五月ソウルで行われた「西洋近代思想受容における韓・日比較」シンポジウムにおける報告「日本の個人主義（概観的試論）」をもとにまとめたものである。ただし資料的裏付けの少ない概観的試論であることをお断りしておきたい。概観的というのは穴のあいた大風呂敷ということであり、試論というのは考え付いた諸側面をならべてみたという意味である。

人間は自分自身に対していちばん関心をもって生活する。その人間が社会と関わるときには、所与集団に埋没する個人、集団からはみ出した孤独な個人、自発的結社に参加する自立した個人、さまざまな個人のかたちで存在する。しかも人間は自己意識をもっている以上、どんなに包括的な集団の中にあっても、あるいは集団から弾き出されていても、公然とまたは密かに、自分の居場所、アイデンティティーを探し求めてやまない存在であるといえよう。それにも拘わらずこの国では個人主義を正面から論じた文献が意外に少ない。個人主義は居場所をもたない思想だったのではないか。たとえば筑摩書房が刊行した現代日本思想大系全三十五巻の中に、個人主義の巻はない。近代日本の代表的個人主義論を通観する手頃な資料集を探せば、わずかに小田切秀雄編『個の自覚　大衆化の始まりのなかで』（シリーズ『思想の海へ』社会評論社、一九九〇年）くらいであり、論集としても小田切秀雄編『自我と環境』（『近代日本思想史講座』6、筑摩書房、一九六〇年）くらいしか見当たらない。

しかし、都市化、産業化といった近代化の進行は、否応なしにこの国でも個人を析出させた。E・フロム流に言えば、このような個人析出の過程は歴史的発展にともなって自動的に起こったのに反して、個人の自立は政治的社会的個人的な理由で、いろいろと妨げられた。この二つの傾向のズレが、たえがたい孤立感と無力感を生み出したのであった。たとえば《おれは河原の枯れすすき》現象はその一例である。このことは、個人析出がなぜ主体的個人主義に展開しなかったのか。それを阻止した因子は何であったという問題提起となる。個人主義の問題は、むしろ「近代日本の個人主義封じ」、没個人主義の問題として考察した方が有意義なのかもしれない（この件は、言論の自由を獲得しながら沈黙が支配する会議、日本論争史を書こうとすると日本緘黙史に終わる現象を連想させる）。

資料が少ないときにはまず日常の光景の検証からはじめることにする。苦し紛れに、個人主義のイメージを政治学科新入生に問うてみた。しかし、これまたプラスイメージとマイナスイメージが相半ばして決着がつかない。また、ある学生は昼飯を学生食堂で一人でたべているという惨めな姿を他人の眼にさらしたくないので、ケータイで相棒探しをするという。「まさか！」と驚くと、それは例外的な話ではないと、複数の女子学生が反応する。このような群れづくりの現実がある。あるいは「いい意味での個人主義」と釈明句をかぶせないと、個人主義に身勝手、エゴイズム、ミーイズムを連想する者も多い。そんな風土に追い打ちをかけて、小林よしのりは「ごーまんかましてよかですか？〔特攻隊員の〕彼らは個をなくしたのではない。公のためにあえて個を捨てたのだ！」（小林よしのり・一九九八年・九六頁）と断定口調で明快なゴーマニズム宣言をする。この種の託宣は道徳的な色彩をおびて青年の意識を脅かす機能をもち、そしてたとえば、歴史文脈と切断されたまま、有事立法論議などの判断にそれなりのインパクトをあたえている。

新大学生の夢はサークルである。ところが自己選択で加入したはずのサークルで出合うものは組織集団の論理である。「命令されるばかりで、ものが言えない。軽率な加入を後悔しているが、辞めさせてもらえない」と新入生が嘆けば、上級生の方は「今年の新入生は勝手によく休む。敬語の使い方も知らない」とぼやく。そこには《しきる先輩としらける後輩》という、百年一日、日本社会で繰り返されている個と集団の葛藤のパターンがあり、それに耐える試練が大学という名の社会で繰り返されている（大学生たちは「やがて社会に出れば……」という。ここ大学も立派な社会であることすら自覚されてないのだ）。

個人主義を一つの人生の送り方に関する生活態度だとみるならば、眼前に繰り広げられている様相には、個人主義を可能にする物質的な裏付けは満ち、自由な空間と自由な時間は拡大し、自己選択の幅が増えたにも拘わらず、「物質的に豊かになったのに、精神的に貧しい」と言われ、「自由なのに、他人を気にしてこせこせする」、「ゆとりと言われながら、駆り立てられて忙しい日常を小学生時代から過ごす」現実がある。要するに自己実現、自己選択が必ずしも充実していない没個人主義の現実があるのはなぜだろうか。

文化精神医学者の野田正彰は言う、「日本の子どもは幼いときから、周囲への適応のみ上手になり、ひとりでいるときは、ビデオ、マンガ、アニメ、情報雑誌を通して、自分だけのファンタジーを作る傾向にある。ひとりで膨らませた思考は、他者と対話することによって訂正され、豊かになり、交流可能な思考となっていく。だが自分が素朴に考えたことを周りに言うと、それは弱みを伝えることになるのではないか、いつの日にかいじめの材料にされるのでないか、と恐れる子どもは自閉思考をさまよったり、膨らませたりするだけである。こうして子どもたちは過剰適応する自分と自閉思考に安らぐ自分を、巧みに素早くコード・スイッチングさせながら生きるようになっている」（野田正彰・二〇〇二年十月・九六頁）。野田正彰が描いた日本の子どもは、環境としては《いじめ恐怖の世界》にあって、そのために集団への過剰適応と一人のときの自閉思考を発生させている。

個人主義が集団との関連で問題になる以上、その国の人間関係の文化的特質が大きく影響をあたえる。たとえば、洋画を観ていてホロッとする場面に子ども部屋のベッドサイドシーンがある。寝付こうとしている子どもの枕元に親の一人がきて、昼間のトラブルのアフターケアをする。「……だから、お前のせいじゃないんだよ。安心しておやすみ」「うん、わかったよ、おやすみなさい。……パパ、パパが好きだよ」と親と対等に口をききながら安堵する子ども、といった画面である。日本映画に増えたのはベッドシーンで、このようなベッドサイドシーンはない。これなどは夫婦単位で寝るか親子単位で寝るかの寝室文化の差が大きいのではないか。調査によると日本人で独り寝の多い時期は十六歳―二十六歳と六十歳以上で、幼少年期には少ない（濱口恵俊・公文俊平編・一九八二年・五九―六〇頁）。自立心の養成と微妙に関わっていよう。

没個人主義がなぜ生まれるか、についての有力な説明は「世間体」説である。「わが国の人びとは、おおむね、『世間』に準拠して、はずかしくないことを、社会的規範の基本においてきたからだ。《世間の眼》から自分をはじるという独特の社会心理を、わが国の人びとの多くは、個人の内面につちかってきた。『世間体』は、いわば、私たち日本人の行動原理の基本であった」（井上忠司・一九七七年・ii頁）。「ひるがえって、私自身をかえりみても、私にとって『世間体』は、とてもひとごととは思えないのである。当初は、あくまでも主体的に判断し、行動したつもりであった。しかし、あとでよくよく考えてみると、意外と『世間体』にとらわれていた自分を見出して、私はひとり、愕然とすることが多い」（同書・iii頁）。ただしこの種の日本文化論は国民性論に結び付けられ、宿命論に陥りやすい。しかし、注意すべきことは「世間体」は子育てのころから植え付けられた人為的価値基準であることである。子育てする親はわが子を他所の子どもと比較してみせ、競争を煽る。叱るときにも、「前のおじさんが睨んでいるからやめなさい。」という言い方をする。こうして周りの眼を意識するように育てられた産物が、親や他人の眼を意識して「良い子」を演じる子どもであり、「世間体」文化であった。個人を規制するものが外部環境であるならば自立的個人主義は消滅する。

ところで石井洋二郎はブルデューを紹介した著書で、近代人の分裂した不幸の意識について、「人間は、他人と異なっていることでいることにも、他人と同じであることにも、ともに耐えられない存在である。他人と異なっていれば、他人と同じになろうとする。他人と同じであれば、他人と異なろうとする。要するに人間は、相反する二つの欲望に引き裂かれた存在である。他人となった同一化したいという欲望と、他人と差異化したいという欲望と」（石井洋二郎・一九九三年・七頁）と語った。この論理はそっくり個人と集団にも当てはまる。すなわち「人間は一人でいることにも、集団でいることにも、ともに耐えられない存在である。一人のときは、集団を求める。集団でいるときには一人になろうとする。要するに人間は、相反する二つの欲望に引き裂かれた存在である。集団でいたいという欲望と、一人でいたいという欲望と」と言うことができる。個人主義を考察しようとすれば、この個人と集団と相互の連関性のあり方が鍵になる。ところで、この一人への衝動と集団への衝動という二つの欲望への分裂状態は、見方を変えると、人間はこの二つの相反する方向性を一身の中に総合して生きる存在であることを意味する。つまりおなじ状況を、ポジティブな人間観として組み立てれば、人間は「独自性への衝動と、集合性への衝動」という二つの生命力のバランスのとれた状態にあろうとすることを意味する（シュナーチ／崎尾英子監修・二〇〇二年・五七頁）。

この個人と集団の関連を整理してみると、次のような人間存在の四類型が設定できる。

(a)　一人のとき自己疎外・集団の中で自己疎外
(b)　一人のとき自己実現・集団の中で自己疎外
(c)　一人のとき自己疎外・集団の中で自己実現
(d)　一人のとき自己実現・集団の中で自己実現

このうちで自己実現がみられるb、c、dには個人主義の要素がある。とくに本人あるいは他人が個人主義者と呼ぶ場合は、b、dのどちらかのときであろう。いちばんの理想型は一人のときも集団の中にいるときにも自己を失わないd型となる。野田正彰が描いた過剰適応と自閉思考に耽る子どもの場合は、みかけはd型であるが、実際は集団の中にあっても自己疎外、一人のときも自己疎外の状態におかれたa型かもしれない。

明治維新から百三十数年を経たこの国の個人主義を考えると、この国には「近代日本」とひと括りにして論じるにはあまりに激しい変化が起こっていたことも考慮しなければならない。何度かの「生活革命」があったと評するほどの変動が、すごいスピードで、この国を襲った。ざっと概観しても伝統型日本社会、文明開化期日本社会、天皇制日本社会、戦後復興期日本社会、高度成長期日本社会、成熟期日本社会と性格の異なる日本社会が挙げられる。そういう中で個人主義論議は、組織か人間かの二項対比で論ぜられることが多かった。一般論として、エゴイズム批判が高まったとき個人主義は槍玉にあがり、集団主義の重圧が意識されたとき個人主義は称揚された。伝統日本社会を打破した文明開化期、国家総動員法の支配から解放された敗戦直後が後者の典型である。

このような個と集団のあいだを揺れ動く人間存在を考察するさいに、「個人主義」をどう定義すべきであろうか。ここではドーアや作田啓一の規定などをヒントにして、(1)管理主義経済と自由主義経済を念頭においての反権力、反国家権力依存 (2)自立。ここに含意されるのは人間の尊厳、自分は自分の主人公であるとする自己支配の原則、あるいは自分の個性を実現するという独自性の育成 (3)集団への情緒的一体化の拒否 (4)私的生活に他から干渉されないプライバシー (5)私欲や自己利益追求、のいずれかを強調する生き方である、とひとまず規定しておく(ドーア/加藤幹雄訳・一九九一年・二一六頁。作田啓一・一九八一年・九四―一〇〇頁)。以下では時代を追いながらこれら個人主義の問題を概観する。

2 文明開化期の個人主義

御一新とそれにつづく文明開化期は、個人を束縛していた伝統社会の旧慣を自覚的に破壊した時代であった。「妖怪を根拠とせる田舎仏教は、先づ理学によって顛覆せられたり。迷信と恐怖によって維持せられたる社会上下の階級は、自主自由の文字によって打破せられたり、旧風旧習は、凡《す》べて文明開化の文字によりて撹乱せられたり」（竹越與三郎『新日本史』一九七四年・一五二頁）と言われるように、「道理」の名のもとに伝統社会の制度、習俗、文化、価値観をトータルに破壊した社会革命の時代であった。人心はあきらかに伝統的生活習慣の定型性の破壊を歓迎した。個人主義は、集団主義の悪弊を論破する論理として好意的に迎えられた。

新政府は「御一新」、つまり矢継ぎ早に旧制度の規制を緩和する政策を実施し、人心を掌握し、権力基盤を強めるための道具として利用した。一八七一年には県外寄留・旅行の鑑札廃止、散髪・廃刀の自由、華族・士族・平民相互の結婚の自由、穢多・非人の称廃止、田畑勝手作の許可、一八七二年には士族の農工商従事許可、土地永代売買の禁解除、「学制」頒布、一八七三年には切支丹禁制の高札除去など。それらは「勝手」という言葉に象徴されるように、空間移動の自由、職業選択の自由、結婚の自由、そして土地を売買する私有財産権など、個人の選択範囲の拡大を意味した。まことに明治初年代は時代の夜明けであった。時間、空間、身体、人間関係のいずれにおいても個人の解放がすすみ、個人主義がほとばしり出た時代として評価すべきである。

この点で成沢光「近代的社会秩序の形成」（原題「近代日本の社会秩序」）は、近代国家の管理秩序形成を実証的に論証した興味深い名人芸の論文であるが、明治初年代における人間解放の側面に対する評価が低すぎると思われる。たとえば成沢論文は冒頭で、柵を挟んで軍人と庶民が対照的な姿をみせる錦絵

「東京桜田門外陸軍調練之図」を掲げ、「急速に失われようとする前景の〈庶民〉世界から、新しく作られようとする〈軍人〉秩序に向かう視線がここには描き出されている」（成沢光・一九九七年・一八頁）と解説する。読者に錯覚を起こさせる一文である。たしかに柵の向こうの軍人教練は新しい管理主義の象徴である。しかし柵の手前の多様な服装の庶民もまた解放された新しい明治の庶民の姿なのであって、滅び行く江戸庶民の姿ではない。江戸の庶民ならば土下座して迎えなければならなかった軍人たちの行軍を、明治の世の庶民は開かれた戸からのぞきこんで見物できる、よい時代になった様を描き出した絵なのである。かつて小林一茶は江戸時代の似た情況を「ずぶぬれの行列をみる炬燵《こたつ》かな」と皮肉をこめて詠んだが、その種の屈折した庶民の視点はもはや過去のものであった。比較すべきは江戸の庶民と御一新の庶民、江戸の武士と明治の軍人の対比であろう。近代は、時間、空間、身体、人間関係のいずれに対しても自己選択の余地を増やした、という事実がまずあるのではないか。

この時期は思想としても個人主義が正面から語られた時代であった。その典型的人物として福沢諭吉、新島襄の二人を挙げておく。福沢諭吉はベストセラーとなった『学問のすゝめ』において「独立とは自分にて自分の身を支配し他に依りすがる心なきを云う」（『学問のすゝめ』三編）と独立自尊をうたい、「一身独立して一国独立す」と熱く語った。また江戸時代の人間関係を評して、各人が自分の身体に自分の上役の魂を宿した状態、身体と意志は分離し自分の体は他人の意志を宿す旅館のごとし、と論じて多くの共感をよんだ（『学問のすゝめ』八編、および『文明論之概略』の《日本文明の由来》参照）。この日本人に自立を説き「自力社会」の担い手に育て、独立国家の構成要素に見立てる秩序構想を展開していた。「近年に至りてはいわゆる腕前の世と為り、才力さえあれば立身出世勝手次第にして、長兄愚にして貧なれば阿弟の智にして富貴なる者に軽侮せられざるを得ず」（福沢諭吉『徳育如何』全集5・三五七頁）と。

新島襄の結婚観と教会組織論をみてみよう。一八六四年から一八七四年までの一〇年を米欧の教養市民層の中で生活した経験をもつ新島襄もまた、個人主義感覚がその身体に染み込んでいた希有な日本人であった。たとえば新島は、日本の結婚制度が本人同士の意志を無視し家のためのものある点を批判した。この不本意な結婚から発生する妻の「其の卑屈心、其の怨恨心、子供に伝染し」悪循環が継承されるとする。結婚は西欧のように「男女は互に相選ばしむるにあり……夫婦互に清き愛情を以て子を生み、夫婦の間に自由行れ互に相憐み相愛し……自由の心ありて一点の恐怖なく更に奴隷心もなく」なされるべきであると説く（新島襄「人種改良論」全集1・三六〇―三六二頁）。

また新島襄が執拗に主張したものに、教会組織の民主化の問題があった。自発的結社の重要性を体得していたからである。「小生は国家の政体にとりては今の立憲君主政体を好しとするものなるも、独り教会政治に至りてはディモクラチクプリンシプル〔democratic principle〕を甘受欣奉するもの」と声を張る（新島襄・全集3・七〇四頁）。この思想の延長線上に個人と国家を結ぶ組織原理として「自由教育、自治教会、両者併行、国家万歳」が置かれた（新島襄・全集4・二四六頁）。この点で若き徳富蘇峰と意気投合し、「将来の日本」の構想図を描いたのであった。

福沢の立論には、フランシス・ウエイランドの *Elements of Moral Science* などの影響が大きい。新島襄にはニューイングランドのキリスト教とともマーク・ホプキンズの *The Law of Love and Love as a Law* などの市民道徳論が影響していた。ウエイランドはブラウン大学学長、マーク・ホプキンズはウイリアムズ・カレッジ学長、ともに道徳哲学の教授として社会的影響力があった。それでいて二人とも神学者と距離をもつ医者でもあったことは興味深い。つまり彼らはピューリタニズムの現世化が進行する十九世紀アメリカで、市民社会道徳を教導していた精神界のリーダーであった。福沢諭吉も新島襄もこの十九世紀アメリカの道徳哲学（それは広義のもので現在の政治学もふくまれる）に影響を受けていたのである。そして、自発的結社の意義を理解していた例外的日本人であった。そして私立学校を創業し、明治国家を、個人の自己選択による活動→文明社会→国民国家に展開させる道を示したのであった。ただ今日から振り返ると、それはまだ米作農業が中心産業であった時代に文明社会の秩序原理の定着をはかった点で、あまりにも現実に先行した早熟な議論であったと思われる。

しかしまたこの時期、学生青年層の中に福沢諭吉、新島襄らの思想が深く浸透したのも事実である。長年抑圧されていた生命が爆発的に燃焼するように、青年たちの学習熱・立身出世熱が目覚め、自立的な個人が出現し、さらに民権熱となって開花した。福沢諭吉『学問のすゝめ』とスマイルズ著／中村敬宇訳『西国立志編　原著自助論』は、立身出世は努力、勤勉、節約、忍耐などの個々人の努力の成果であることを示唆した。自己努力によって自分の人生を開拓するこの教えは、当時の青年たちを自立に導くバイブルとなり、この教えが社会移動の哲学となり、自立型個人主義の巨大な運動を目覚めさせたのであった。政府文部省が頒布した「学制」が、学問は自分のためにするものであることを宣言し、エゴイズムを肯定してみせたことも、おおらかに自己利益を追求する自立熱と立身出世熱を一段と煽ったことは言うまでもない。学校教育は識字率を向上させ、向上心に富んだ個人を産み出した。この時代の個人と国家の関係は「富私強国」型と言えよう（伊藤彌彦編・一九八六年・五七頁）。

啓蒙思想の青年にあたえた影響は、たとえば植木枝盛のような「民権青年の自我表現」（米原謙・一九九二年）にその一例をみることができる。「人ハ自主ナリ、自由ナリ、独立特行ノ動物ナリ。各己レヲ以テ天ト為スベシ、各己レヲ以テ政府ト為スベシ。己レノ外ニ天ヲ置キ、己レノ外ニ政府ヲ置ク、豈ニ人道ナラン乎」（植木枝盛『無天雑録』集9・二二四頁）と。幕末に生まれた公議輿論運動は、政治参加の場をもとめる明治の自由民権運動の高揚となったが、そこに流れていたのは、自分の国は自分で統治するとする個人主義を前提とすると国家の関係づくりの論理であった。自分も出世し国も強大なるという「富私強国」の論理であった。

この学習熱から政治熱にはしる青年たちの自信に満ちた軽薄さを風刺した次の文章は、かえって明治という時代の明るさを伝えている。「凡《およ》ソ此《この》学ニ入リ初メテ『エビシ』ノ以呂波ヲ習読シ、啓蒙初学ノ二三冊ヲモ素読シ、漸《ようや》ク地理書ノ一部ヲ読ミ了リテ、地球ノ円体ナルト、南北ヲ軸トシ、東西ニ廻転スルトノ理ヲ知レバ、他人ニ向ヒ、得タリ顔ニテ誇ルモノアリ。夫レヨリ究理書歴史等ノ数部ヲ終へ、粗《ほぼ》太陽ノ引力ト、地球ノ重力ヲモ心得、器械ノ仕組モ解得シ、万国古今ノ沿革モ亦粗承知スルニ至リテハ、最早《もはや》ヤ上達進歩セリト自ラ免許シ、人ヲ謾侮シ、自主自得ノ道ヲモ知リ、力ヲ以テ食ムノ理ヲ解シ、覊縻束縛サレザル所以モ承知スル抔ト、党ヲ立テ社ヲ結ビ、天子モ臣トスルヲ得ズ、諸侯モ友トセザルヲ得ザル等ノ説ヲ張リ、政府ヲ見ル事仇敵ノ如キモアリ」（『開化評林』一九六七年・二五五頁）。まだ新しい生活様式が定型化されていないだけに、出世熱も政治熱も夢と可能性をもって盛り上がったのがこの時代の特徴であった。これは後代の学生運動のほとんどが、初めから現実は変わらないだろうという悲観的無力感のもとで行われたのと対照をなしている。

3　天皇制社会と個人主義

しかし時勢の転機は明治十四年の政変で訪れた。自由民権運動の盛り上がりに苦しめられた藩閥政府は、反撃の標的を民権運動の温床であった民間ジャーナリズムと私立学校においた。一八八三年、新聞紙条例を改正して政論新聞・雑誌には発行保証金供託を義務づけ、おなじく私立学校に対しては徴兵猶予の特権をみとめない法改正をもって締め上げた。そして明治憲法、教育勅語、地方自治制度など天皇制国家の基本秩序が制定されると、個人主義の居場所はなくなっていった。なかでも旧民法の制定と徳育教育の復活は、個人主義を社会的に封じる絶妙の政策となった。

ボアソナードの指導のもとに起草された明治民法（旧民法）原案は、紆余曲折のすえ、公布の八年後の一八九八年に施行されたときには、個人主義封じの法典となっていた。家督相続（戸主が包括的に一人相続）と戸主権を設定し、家族の戸主への依存を助長する制度であった。私有財産制度は、後年治安維持法でかたく擁護された項目であったけれども、その財産権も長子優先の不平等なもので、家制度を保護し個人主義の成立を妨げた。「民法出でて忠孝亡ぶ」の警句をもってボアソナード案に強く反発した穂積八束が、「極端個人本位の民法」と批判して、「我国は祖先教の国なり。家制の郷なり。権力と法とは家に生れたり。不羈自由の森林原野に敵対の衝突に由り生れたるにあらざるなり」と論じたのは有名である（穂積八束「民法出でて忠孝亡ぶ」海野福寿／大島美津子編・一九八九年）。

このときの民法典論争の中で、植木枝盛は「其の民法を制定するには一民一民を以て社会を編成する者と為す耶《か》、一家一家を以て社会を編成する者と為す耶……」（「いかなる民法を制定すべきや」『国民之友』第六〇号、六一号・海野／大島前掲編所収）と、民が単位の社会か家が単位の社会かと問い、湯浅初子も「人の為めの家にあらずして、家の為めの人なり」と批判し、「我邦の結婚を見《みれ》ば、如何に危険にして不安心なるか。……」と声を張り（「家庭の革命　人倫の恨事」『国民之友』第一六〇号・海野／大島前掲編所収）、徳富蘇峰は「家族的専制の家庭は、専制政治に伴ふ諸《もろもろ》の悪徳の孵化場たり。卑屈、影日向、偽善、嫉視、悖戻、陰険、……言ふに忍びざる悪徳を生ず」「社会をして個人本位となすは、個人をして責任的、職分的、自主的、自動的、自活的人物たらしむる所以にして、人性の自然に順ひ、之を疎通したるもの也」（徳富蘇峰「家族的専制」『国民之友』第一九四号・海野／大島前掲編所収）と論じた。しかしこのような個人尊重の主義、主張は天皇制社会の中で封殺されていった。

この旧民法によって家は個人のシェルターではなく国家の道具になった。家族国家という観念が唱導された。戦前日本には国家から自立した中間集団は存在しない。「『家族国家』としての第一次集団から国家までが無媒介につながっている我国では、家に同化しても社会集団に同化してもそのことによって直ちに国家と同化することになってしまうから、国家超越の正常な思考方法は先ず単独の世界をつくること以外にない、と言える」というのが天皇制社会における個と集団の関係であった（藤田省三・著作集4・一九九七年・八六頁）。

また日本ほど学校教育を組織的に政治的目的に奉仕させた近代国家は珍しい。目的は国家の強化にあり、手段は徳育であった。「学制」の私益を前提にした「富私強国」型教育は、欧米心酔・知育偏重として否定された。「改正教育令」以降、私権は居場所を失った。また「修身」教育は形骸化し、数多くの例話と人物の固有名詞を暗記させる「一種の知育」に堕落していった。この種の修身教育が民衆の実生活に役立つ内面的価値基準を提供していたとはいい難い。道徳は《接人の態度》示す型紙にすぎず、外面的道徳教育に終始したと規定しておく。しかし「政府威を用れば人民は偽を以てこれに応ぜん」（福沢諭吉『学問のすゝめ』四編）という言葉のように、ここにはホンネとタテマエ、偽善の二重道徳が発生した。そして人々は他者指向型人間となった。彼らは状況への主体的判断能力を欠くため、集団的同調行動が支配的であった村共同体を離れた途端、不安におびえる孤独な単身者の道をたどる。要するに都市に移動して個人析出は起こっても、主体的個人は誕生しない。外からの指示待ち族、あるいは世間体や流行にあわせるアンテナ族、それらに失敗してアノミー化、原子化する個人が登場し、早熟的大衆社会化現象を生んだのであった(伊藤彌彦・一九九九年・第六章)。旧民法や徳育教育は、天皇制臣民社会における「個人主義封じ」システムとして機能した。

たしかに戦前日本でも資本主義の発達によって人口移動と個人析出が発生した。明治国家においても産業構造の変化にともなって個人の析出過程は自動的に起こった。これに反して、個人の自立は個人的社会的な理由で、いろいろと妨げられた。この二つの傾向のズレから、都市の底辺には、耐えがたい孤立感と無力感をもち、厳しく惨めな労働で絶望的下積み人生をおくる孤独な「単身者」の吹き溜まりが出現したのであった(神島二郎・一九六九年・一九―四〇頁)。

もともとこの国は農業生産力に対して過剰人口がひしめきあっていたから、このときの人口移動は、大家族からもぎ落ちた次男三男や娘たち、一家離散家族など村や家の《はみ出し者》の移動として進行した。上京して大都市に集い、互い生き馬の目を抜くような地で生存競争をつづける工員、女工、女中、苦学生がいた(松沢弘陽・一九七三年・一一六―一三九頁)。この現象は政府当局者からは秩序攪乱要素として警戒され、内務省の地方改良運動政策を生み出したのであった。貧困問題が社会主義の温床となることを断とうとしたからである。深刻になった地方社会の崩壊を防ぐために国が進めた報徳主義運動は、貧困克服の課題をたえず個々人の生活態度の問題に還元した。さらに「至誠、勤労、分度、推譲」によって財を築き防貧をはかり、「離村向都」つまり「生活に困窮した人々が中央（都市）へ流失してゆくことを全力をあげて防止」することを目的としてなされた（岡田典夫、伊藤前掲編所収・一九三頁）。すなわち、日本の近代化を推進しながらも、他方では村落共同体の解体を押しとどめ秩序安定につとめたのが内務官僚であった。

資本主義の発展の中で出現した個人の生活態度の中で、比較的寛大にあつかわれたのは事業熱、営利活動熱であった。創意と工夫で一儲けして、故郷に錦を飾ろうする「成功青年」の活動は、社会秩序の解体につながらないことを条件に許容された。ただ私益に居場所をあたえる思想がない社会で行われる営利事業は「お国のため」の仕事でなければならず、営利活動に対する《うしろめたさ》の心理と、公徳の中に私利が忍び込むモラル解体とをともなうものであった。ここに登場したのが「お国のために」の口実のもとで金儲けに勤しむ「肥私奉国」型事業家であった。

次に注目すべき個人析出は、日露戦争の前後から目立ちはじめた文学青年、哲学青年、「煩悶青年」である。天皇制社会のもとで文学者たちは個人主義を切実に欲した人々であった。自然主義、教養派、高等遊民、白樺派、自我の覚醒、アナーキズム文学などの文学作品には、家も社会も天皇制国家に包括されている日常生活の中での個人主義思潮が描かれている。

この文学者における個人主義に関しては二点を指摘をしておきたい。第一に彼らの多くは、意識において個人主義者であったが生活事実において孤立していたことである。自我に目覚めたといっても多くは、社会化に失敗した「孤独な自我」であった。「型なし教養」派（唐木順三・一九六三年・第一章）という指摘もこれと連関している。夏目漱石の小説『門』では、友人を裏切って結ばれた夫婦が子供に恵まれずひっそり親和と飽満と倦怠の時間を暮らす高等遊民が描かれていた。

第二に「私権」の存在根拠が薄弱な天皇制国家において、肯定的な意味で個人主義を唱導するとき、それは《弁明つきの個人主義》となったことである。学習院生徒あての夏目漱石の有名な講演「私の個人主義」の語り口をみよう。

「私のここに述べる個人主義というものは、決して俗人の考えているように国家に危険を及ぼすものでも何でもないので、他の存在を尊敬すると同時に自分の存在を尊敬するというのが私の解釈なのですから、立派な主義だろうと私は考えるのです」（「私の個人主義」一九一四年、小田切秀雄編所収・一九九〇年・一二一頁）。「ある人は今の日本はどうしても国家主義でなければ立ち行かないように云いふらしまたそう考えています。しかも個人主義なるものを蹂躙しなければ国家が亡びるようなことを唱導するものも少なくありません。けれどもそんな馬鹿げたはずは決してありようがないのです。事実私どもは国家主義であり、世界主義であり、同時にまた個人主義でもあるのであります」（同・一二三頁）。「国家のために飯を食わせられたり、国家のために顔を洗わせられたり、国家のために便所に行かせられたりしては大変である。国家主義を奨励するのはいくらしても差支ないが、事実できないことをあたかも国家のためにするごとく装うのは偽りである」（同・一一五頁）と。このようにここでは漱石によって、国家主義者の欺瞞性が皮肉たっぷりに暴露されていた。

戦前日本における個人主義についての考察として丸山真男「個人析出のさまざまなパターン」がある。これはタテ軸に結社形成的・非結社形成的、ヨコ軸に〔政治的権威に対して〕遠心的・求心的、の基準を立てて個人析出を四パターンに分類したものである。

（I）　結社形成的・遠心的　→自立化（individualization）
（D）　結社形成的・求心的　→民主化（democratization）
（P）　非結社形成的・遠心的　→私　化（privatization）
（A）　非結社形成的・求心的　→原子化（atomization）

そして戦前日本における個人析出の代表的な二つの時期として、一九〇〇年ごろから一〇年ごろまでと、関東大震災（一九二三年）直後の数年間が挙げられ、両時期とも非結社形成的な「私化」と「原子化」が基本パターンであることが分析されている（丸山真男「個人析出のさまざまなパターン」『丸山真男集9』）。川崎修も「丸山にとって、……近代化とそれに伴う個人・自我の析出が必ずしも近代的な政治主体を生み出すとはかぎらないということを明らかに示した」とこの論文を分析している（川崎修、大隅／平石編所収・二〇〇二年・二六三頁）。

天皇制社会における個人析出は、消極的には貧困問題の深刻化による離村向都現象として進行し、積極的には国家独立や戦争といった国家的危機が消えた時代の私的活動の中に現れた。教育界で自由主義教育や新教育の運動とともに個性尊重の教育、個人主義、自由主義的世界観が唱えられたのは後者の例である。都市の上中流の一部を中心に展開された大正デモクラシーといわれる潮流は、後者の典型例である。与謝野晶子が「私たちの学校の教育目的は、画一的に他から強要されることなしに、個人個人に創造能力を、本人の長所と希望とに従って、個別的に、みずから自由に発揮せしめる所にあります。……貨幣や職業の奴隷とならずに、自己が自己の主人となり、自己に適した活動によって、少しでも新しい文化生活を人類の間に創造し寄与することの忍苦と享楽とを生きる人間を作りたいと思います。言い換えれば、完全な個人を作ることが唯一の目的です」（与謝野晶子、文化学院史編纂室編所収・一九七一年・三三頁）と文化学院の設立に期待の一文を寄せたのは、一九二一年のことであった。「元始」はともかく戦前、太陽でないのは女性も男性も同様であった。天皇制臣民社会の隷従の海の中に、オベリスクのように細くそそり立つ個人主義の自由と享楽の先端がそこにはあった。

逆に非常時の天皇制国家は個人を無限に抑制する構造をもつ。実生活の中の私権は限りなく縮小され、滅私奉公が求められた。その点、非常時が常態化した一九三〇年代以降は、個人主義、自由主義が極小化していった時期であった。文部省編纂『国体の本義』が全国の学校や社会教化団体等に配布されたのが一九三七年五月三十一日、国家総動員法が布告されたのが一九三八年五月五日であった。初等教育に関しても、教育界の大御所吉田熊次は「合科教育の教育思潮的背景をなすものは個人主義、自由主義的世界観、人生観であって、……」と論じる。これは一九四〇年に示された「国民学校教則案」の中に「綜合教授」という文言を発見して、いわゆる新教育運動との関連を警戒したからであった（吉田熊次・一九四〇年十月・六頁）。

世間の眼も公生活のみならず私生活においても、あらゆるぜいたくを監視する時代となった。一九四二年十月二十一日、神宮外苑で行われた学徒出陣壮行会で学生代表の東大生は東条首相に「生等、誓って生還を期せず……」と決意表明をしている。個人主義受難の時代であった。しかしこの自分の生命をめぐる極限状況にあっても、人間には、それを無理に自己選択と結び付けて合理化しようとした態度もみられた。「おい、おれはな、悠久の大義に生きろとかなんとか、そういうことをいまさら言うつもりはない。しかし、きさま、小我を捨てて大我に生きるってことを考えたことがあるか」とある士官候補生は議論を仕掛けている（中野孝次・一九七八年・一四〇頁）。大我という名の自己犠牲を自己選択させる時代、《死のための社会化》の支配する時代は、個人主義と対極の時代であったと言わねばならない。

4　戦後社会と個人主義

八・一五で価値観は一変し、この国にで個人主義に対して公然と居場所が与えられる時代が始まった。戦後日本と個人主義の問題については、敗戦直後から約一〇年間の復興期、一九五五年ごろからオイルショックのころまでの高度成長期、一九七〇年代後半から始まった成熟社会期の三期に分けて考察を進めることとする。

復興期

まずは敗戦が大量の個人析出をもたらした事実がある。「滅私奉公」「全滅しても必勝」のスローガンのもとで献身的に国家に奉じてきた国民が敗戦で体験したことは、国破れても人は滅びないという現実であった。大日本帝国は消滅し、ここに日本人は国家権力の空白体験、いわば自然状態の中で人間は実存するという不思議な時間をしばし体験する。戦後日本はここから出発した。それは滅私奉公、タテマエに奉じた国家総動員体制と一八〇度反対のホンネの時代の始まりであった。坂口安吾の『堕落論』は、戦前、戦中期の日本国民があまりにも凛々しく、あまりにも自己犠牲的で、あまりにも無理をし、人生美学に殉じる生活をおくっていた事実を指摘した。そして、自分の欲望に忠実であれ、堕落せよ、そこから新しい人生が始まると語って大きな共感を呼んだ。これは戦前日本の二重倫理、その偽善性、欺瞞性を痛烈に批判し破壊した一書であった。また戦後日本の人間宣言であり、近代国家原理宣言であった。戦後日本の人間は、実存の事実から出発し、封印されていた個人主義を解放・奨励することから出発した。

そこに占領革命の天降《あまくだ》る民主主義の福音が降りそそがれ、制度的保証が与えられた。民主化と非軍事化を目標に掲げておこなわれた戦後改革は、個人主義の育成に貢献したが、なかでも憲法、民法などの法律革命、農地解放、教育改革の果たした意味は大きかった。日本国憲法は国民主権をその前文に掲げ、種々の人権規定を盛り込んだ。そして一九四七年に改正された新民法は均分相続、戸主廃止、夫婦平等を採用したことで価値観を家中心から個人中心へと大転換し、家族国家観は解体された。また農地解放は、まだ農業人口が最大であった日本で、地主制を消滅させ自立農家を誕生させた画期的な土地革命であった。私有農地をもつ自作農の大量出現は、個人主義の経済的裏付けとなると同時に日本の非全体主義化と非共産主義化のための防波堤となった。そのほか教育改革、秘密警察の廃止、労働組合結成の奨励、宗教・言論の解放、など一連の戦後改革によって個人主義育成の制度的条件が整備された。

新生活のモデルはアメリカ中流家庭の日常は、あこがれと羨望をいだかせるに十分であった。このような戦後改革を民衆もまた、占領軍を「解放軍」と呼んだように、主体的に歓迎したのであった。《封建的か近代的か》という議論が当時の空気を支配した中心テーマであり、タテマエ形式主義は軽蔑され破壊された。本能的欲望主義の放縦も町にあふれていた。ラジオには「街頭録音」という一般参加型討論番組があった。村八分の批判、ＰＴＡ制度の導入、「考える社会科」などなど……が現れた。ドーアは回想して言う、「私が初めて日本にきたのは一九五〇年であるが、当時の日本は、近代価値を求める運動の最盛期であった。しかし、英語の individualism の訳語として伝統的に用いられてきた『個人主義』は、この運動の中ではほとんど使われていないのに気づいた。個人主義という言葉は、自己主張やわがままの意味が強すぎる表現となっていたのである」（ドーア前掲・六四頁）と。個人主義の代わりに「主体性」や「自主性」の言葉が使われていたという。

この当時の中学校では、「社会の片隅で名もなく清く美しく一市民として生きる」いう言葉が聞かされたものである。また「狭いながらも楽しいわが家」という標語も耳についている。この種の平等思想に裏打ちされた市民的個人主義が語られた。戦前の立身出世主義が日本を誤らせたと批判され、「仰げば尊し」の三番の歌詞「身をたて名をあげ　やよ励めよ」は禁句となった。人々は飢えており、とくに動物性タンパク質は不足していたが、大学生たちは新日本を築くため「生活は低く、志は高く」と励ましあったという。

高度成長期

世は「数量景気」を寿《ことほ》ぎ、『経済白書』が「戦後経済最良の年」とうたったのは一九五五年であった。このころから約二〇年ほど、日本経済は高度成長をつづけた。この間に産業構造は第一次産業から第二次、第三次産業へ移行し、個人の生活構造は激変した。都市化、消費革命、マイホーム主義、九割以上の日本人が中流階層意識をもつ時代に変わった。それは有史以来、日本人が世代から世代へと重く背負ってきた貧困から脱却するという歴史的事件、「静かなる革命」を意味した。労働力不足は、地方から大都市への人口移動を生み、地方の過疎化と都市の過密化を進行させ、個人析出は促進された。集団就職する中卒者が「金の卵」と言われた時代である。しかしこのとき、新しい「個人と集団の関係」の安定した枠組みが形成されたとは思えない。この時代の主流は、「単身者文化」の側面を残しつつ進行する大衆化現象をともないながらも、「マイホーム主義」と「会社集団主義」の共存にあったと思われる。

まず移動した人々の都市定着が指摘できる。都市は人を自由にする。そこには村の口うるさいうわさや隣人の眼差しからの解放があった。都会生活は孤独で、多くの望郷歌謡曲を流行らせる空間であったが、故郷はもはや戦前のように「錦を飾る」場所ではなかった。都市の生活水準の高さに魅了された人々は田舎に戻ろうとはせず、都会に新しい生活拠点を築き始めた。マイホーム主義はなによりも「家づくり個人主義」として現れた。「方→荘→号→字」という言葉がある。地方から上京した青年が最初に落ち着くのは、〇〇方である。やがて自立してアパートの〇〇荘に移る。次に団地やマンションと称される中高層鉄筋集合住宅の一角の〇〇号に住む。そして念願の一戸建を獲得するが、そのときは「マイホーム手のでるところは熊もでる」のサラリーマン川柳にあるように住所に「字」のつく遠隔地である、という住み替え人生を指した言葉である。一戸建てにかけた情熱、そのための勤勉な労働が高度成長を支えたのであり、土地ブームといわれる右肩上がりの土地インフレの恩恵をうけて個人としての成功を呼びこんだのであった。

都市の生活は核家族の形態をとって営まれ、富や諸価値が比較的平等に配分され、豊かな消費生活をおくる満足感が中流意識を育んだ。早くは池田勇人内閣の時代の『文芸春秋』一九六二年六月号が、特集《日本はこれだけ変わった》を組んでいた。「独立後十年、政治的には混乱と空白の季節であったが、一方経済は未曾有の成長率を誇るなど様々な面で特筆すべき変革を経験している。その変化の跡を辿ってみよう」と誇らしげに数字を掲げる。一九五三年と一九五九年を対比して、電気洗濯機が一一倍（一万人あたり一二四・八台）、冷蔵庫が五〇倍（同、五六・六六台）、テレビが一〇一倍（同、三〇四・〇台）そして食料品では果実、肉類、鶏卵、牛乳、ビール消費量のいずれもが二倍前後に増えたと報じている。

記事で次に強調されたことはマスコミの変貌ぶりである。テレビ放送開始（一九五三年二月）以来受像機は幾何級数的に増え一九五八年に一六〇万台に達したこと、一九六一年二月から新聞のラジオ番組欄とテレビ番組欄が主客を入れかえたこと、一九五九年ごろから週刊誌による活字娯楽ブームが起こり『週刊新潮』が毎週四〇万部以上の売上げたこと、五十数種の週刊誌の年間総発行部数が六億冊となり、消費財としての活字文化の時代になったこと、が紹介されている。

ここに電化生活によって解放された時間的ゆとりをテレビや週刊誌が吸収するという新しい生活スタイルがみえてくる。小林信彦によると、映画産業のピークが一九五八年で年間映画館入場者数一一億二七〇〇万人（日本人一人あたり年一〇〜一二回）、その後は低落一途で一九七二年には一億人台にまで減少した。代わって一九六一年ごろから一九七二、七三年までがテレビの黄金時代であったと言う。テレビ受信契約が一〇〇〇万を突破したのが一九六二年三月である。「若い季節」「夢であいましょう」「シャボン玉ホリデー」「七人の刑事」（以上一九六一年開始）、「てなもんや三度笠」（一九六二年）などの娯楽番組が視聴率をあつめた（小林信彦・二〇〇二年四月）。ただそれと同時にマスコミは無人の野をゆくようにとめどもなきプライバシー侵害を始めた事実も指摘しておかなければなるまい。

同時にこの高度成長期は「会社集団主義」が繁茂した時期であった。本来会社は、自己選択によって個人が参加した組織である。しかしながら終身雇用、年功序列のこの組織は一生を託す運命共同体として個人を束縛した。仕事のみならず、余暇も、価値観も丸抱えに管理しようとする組織であった。そこに働くサラリーマンはいま享受している生活水準の維持、向上に熱心であった。彼らは戦前の投機的な出世競争と比べると、堅実で防御的でスマートな装いをまとっているが、やはり出世意識に動機づけられていることには変わりなかった。新入社員研修で組織忠誠を植え付けられ、「和」のチームワーク行動を刷り込まれ、見事に会社中心主義の会社人間、モーレツ社員に仕立てられていった。

このマイホーム型個人主義と会社集団主義が調和的であったとは言い難い。豊かになった日本で個人主義の成立を阻む要因があったとすればそれはなんだろうか。もっとゆとりをもって暮らしても良いはずなのに、なぜ人々は企業戦士としてアクセク働いたのか。三つの要因を指摘しておきたい。第一に、中流層の底が浅いからである。生活不安を抱え「万一」におびえているローン返済中の中流層であった。マイホーム主義といわれる生活形態をみると、小家族で消費と育児と安息そして労働力再生の場として機能する家の姿が浮かび上がる。しかし汗と努力で築いたマイホームに生活滞在時間がいちばん少ないのは会社人間の夫であった。第二、日本社会は度を超えた「競争」原理をくみ込んで人間を動かしていた。どんなにつまらない仕事にも、「競争」というスパイスをふりかけさえすれば、人々はわずかな格差を争って生き生きと熱中し始める。偏差値、ランキング表、隣人の評判等はこの競争レースの成績表であるから、それらは《麻薬》のように競争当事者を魅了した。そして第三に、画一的な同調文化の問題があった。勉強でも仕事でも肩書でも遊びでも消費でも、「人並み程度」という平均モデルが前提にされていたから、その水準に達しないものは「落ちこぼれ」にならないよう必死でガンバラなければならなかった。平等社会は平均以下におかれた者にとって苛酷な社会である。

お仕着せの流行に合わせると生活が一番安価に過ごせるシステムも出来ていた。企業は集中的に流行の型の製品だけをつくり価格競争をする。昔なじみの商品が店頭から消え、誰もがしかたなく流行の品を買わされる。このようなお仕着せの購買競争が演出された。消費ブームが必ずしも個人主義を強化したとは言えない。「気づいてみると隣人の所得や消費水準と比べる以外に自分の成功度合を測る基準がない状態に放置されている」(ドーア前掲・九九頁)。この種の他者指向型価値基準は購買競争だけでなく、生き方や価値観にまでおよんでいた。「世間の眼」「世間体」を社会的規範の基本におくことは、なお根強く生き残っていると考えられる。都会生活者は、日常、田舎暮らしのときのようなこうるさい近隣の監視からは逃れえたけれども、あらたに世間体やマスコミ世論という匿名権威に動かされる存在となった。依然として自立した個人主義は根付いていないのではないか。「流行」は、服装はじめ種々のブームを支配し、画一的同調行動や世論形成を左右する見えざる神となった。風俗の最先端をゆく者は、ミニスカートにしろ茶髪にしろ、いつも英雄的「つっぱり個人主義者」である。世間はそれを顰蹙し、マスコミはそれを面白がる。やがて数年おくれで一般人もまねて「流行」は一般化し、風俗の画一化を現象させる。

またマイホームは単身者たちの集まり、「しらけた下宿」と化した一面があった。各自の生活時間の違いから、父、母、息子、娘がバラバラに食べる朝食、夕食、あるいは子育ての終わった「空き巣」症候群、退屈な時間をテレビ番組で消費する主婦といった光景である。農漁業や商家では家が労働の単位であり家族労働を集約するうえに「和」は不可欠な倫理であったが、労働の外化によって家でのそれは縮小し、「和」は職場・会社のチームワークの倫理に移籍していく。かくて家庭での個人析出には私化、原子化傾向が強かったと思われる。

結婚・配偶者の選択基準が戦前の家本位から、戦後、当事者本位のものに変わったのは事実である。そして天皇制社会と戦後社会の大きな違いは性意識の変化であろう。それはたとえば避妊によって核家族、マイホーム主義を実現する一方で、解放された性意識とともに新しい男女関係の形態を生んだ。また性の享楽化、商品化は多彩な風俗産業を刺激し、「単身者文化」の性を日常化、大衆化した。エロ新聞を帰宅電車内でそれを読む背広姿のサラリーマンは、同時に帰宅すれば娘にピアノレッスンを受けさせている市民の顔をもつようになる。『週刊新潮』は一九五六年に三大新聞社の週刊誌の中に割り込んで創刊されたが、編集長斎藤十一は「金・女・名誉」を紙面の柱にすえることで成功した。この斎藤は一九八一年に写真週刊誌『フォーカス』を創刊したときも「誰でも人殺しのツラは見たいだろう」といい放っていた（佐野真一・二〇〇一年三月）。都市での生活は、市民化と大衆化の混在ないし分裂した生活空間を構成する。

高度成長期の個人析出は個人の自立と結び付いたであろうか。いわゆる新中間大衆と呼ばれるようになった日本人は市民なのか大衆なのか。マイホーム主義者として、欲望自然主義者として、「私化」と「原子化」は顕著である。この生活保守主義者が政治参加に踏み出すには、自分の生活水準の危機を意識したときであるが、彼らには根深い政治に対する無力感と他人事《よそごと》意識が育っている。それは義務教育時代のホームルームの形骸化した多数決の体験から始まっていた。

成熟社会期

貧しい貧しいと自他共に思って必死に働いていた日本人が、気がついてみると経済大国、ドル大国になっており、対外摩擦を生んでいるのを知ったのは七〇年代であった。七〇年代後半から日本は成熟社会の時代に突入した。飢えの心配から解放されたのである。「少なくとも最小限の経済上ならびに身体の安全が存在する場合には、愛、帰属、尊敬への欲求がしだいに重要になってくる。またもっとあとになると、知的ならびに美的満足と結びついた一連の目標がクローズアップされる」（イングルハート・一九七八年・二五頁）時代を日本も迎えることになった。

当然、個人主義の変容が起きた。物的環境が満たされてくると、心配事は自分のことだけでいい時代になった。ベラー他著『心の習慣』は、アメリカの高学歴中産階級の個人主義が私的生活主義、趣味のあう仲間だけで「自分が快適だと感じる」基準に従って生きていればいい、という態度に陥っていく傾向を再考した本であったが、成熟社会日本でも同種類の状況がおこり始めた。ただし非政治的小集団がアメリカほど民主化されておらず、息苦しい人間交際社会、タテ社会の仕切り屋が幅をきかせている「市民社会」であるが。

一九八〇年代にこの成熟社会状況を指摘したのは、一九八四年に刊行された山崎正和『柔らかい個人主義の誕生』（中公文庫版、一九八七年）である。山崎はいままでの日本社会の原理が生産中心に組み立てられ、それに向かって人づくりがなされ、人生設計がなされていた構造を指摘する。「『より多く、より早く、よりしばしば』といふのは、明らかに効率主義の標語であって、これは消費社会といふより、むしろ生産至上主義社会の原理だと見るべきであらう」（同書、中公文庫版・一五八頁）。こうして売らんかなの、人々のあくなき物質的乱費のシステムができてしまった。しかしこの生産品を消化するための「消費文化」は倒錯であると論じる。小学校以来、「勉強する子供」、「勤勉な学生」、「有能な管理職」（同書・三四頁）とそれぞれの段階の役割を、与えられた課題として過ごす人生は、目的よりも手段や過程に時間を捧げてしまうことになる。

これに対していまや、職場での共同生活の時間が生涯の半分以下になった。主婦の家事労働時間も急速に短縮した。高齢化社会を多様におくる人生を人は求め始めた。山崎は消費社会と個人を考え直す提案をした。「ここで見失われてゐたのは、まさに『個人の生涯』といふ時間であり、人間をこの世に位置づけるいはば生活の縦軸の存在だったといへる」（同書・三五頁）。

山崎正和が注目したのは、ありあまる「時間」である。いまや「無限の欲望」という幻想で人を動かす時代ではない、「人間にとって最大の不幸は、もちろん、この物質的欲望さへ満足されないことであるが、そのつぎの不幸は、欲望が無限にあることではなくて、それがあまりにも簡単に満足されてしまうことである」（同書・一六二頁）。そして「最大の消耗の対象は時間そのものであり、……」（同書・二〇五頁）と言う。ただし山崎が提案したそれへの解決法は「より柔軟な美的の趣味と、開かれた自己表現の個人主義であることが推測されるのである」（同書・六八頁）と、消費型教養主義にとどまっていた。

また成熟社会特有のぜいたくな個人の悩みとして「一方で、選択すべき対象の数が増えるとともに、他方では、選択しながら生きるべき自由な時間が延びて、現代人の人生はまさに迷ひの機会の連続になったといへる」（同書・一八五頁）と。その指摘が現代人に真実味をもっていることは、テレビ脚本家唯川恵のつぎの描写にもうかがえる。「そこそこのお給料を貰っていて、年に一度は海外旅行に行き、週に一度は評判の店へおいしいものを食べに行ってました。習いごともしていたし、スポーツクラブにも入ってました。映画を観たり、コンサートに出掛けたりもしてました。ブランドもののバッグやアクセサリーなんかも、友人たちに負けない程度に揃えてました。たぶん、他人には気楽に生きていると見えたでしょうね。自由を満喫して、好きなことをしてるって。確かに生活は快適です。ちいさな不満はあっても、おおむね可。自分だけのことを考えていればいいのですから。こんな気楽なことはありません。でも、表面がどんなに楽しそうに見えても、心の隅にはいつも満たされないものがありました」（唯川恵・一九九一年・一一二頁）。

「結婚もいい。仕事に生きるのもいい。趣味を究めるのもいい。溢れている物。溢れている情報。何でもアリの今。なのに自分はどうしていいかわからないのです。いいえ、自由な選択を与えられているからこそ、それをどう扱っていいかわからなくなっているのです」（同書・三頁）。日本も豊かさの中の個人主義が問題提起となる時代になったのである。

ただ成熟社会日本で気になることは、九〇年代ごろから接する大学生が、「いじめ」に対して過敏なまでに自己防衛的になっており、目立たぬよう個性を隠す行動様式を共有しているようにみえる点である。彼らは校内暴力鎮静後のいじめの時代の学校仲間社会で社会化した世代である。ただしこの個人を目立たせないことを好ましいとする保身文化は、江戸時代にも戦前にもみられるもので、かなり根深い日常文化として持続してきたようにも思われる。それが飢えの心配のない成熟社会にあっても、自己を隠す状況がなぜか存在する。「はじめに」で紹介した文化精神医学者野田正彰の摘発、「子どもたちは過剰適応する自分と自閉思考に安らぐ自分を、巧みに素早くコード・スイッチングさせながら生きるようになっている」が普遍的現象ならば、成熟日本社会の現実は、子どもは「いじめ恐怖の世界」にあって、過剰適応と自閉思考を共存発生させているということになる。ここでの個人は集団の中にあっても自己疎外、一人のときも自己疎外されており、依然、個人主義は封じ込められている。「他人の眼」から自立し、自発的結社型の人間関係を構築する課題はまだ達成されていない。

5 ひとつの総括

本稿の「はじめに」の中で、個人主義の概念には(1)経済的自由主義、(2)自立、(3)集団への一体化拒否、(4)プライバシー、(5)私欲追求、の要素が含まれると規定した。それらは近代日本の場合にどれほど検証できるだろうか。

まず、経済的自由主義はイデオロギーとして存在してはいたものの、日本の企業体質はむしろ圧倒的に、管理型資本主義、統制型経済であった。戦前も戦後も、政府の強い保護と規制、行政指導のもとで経営された。政治権力依存型、大蔵省護送船団型の経営姿勢は大企業に顕著にみられるが、さりとて中小企業界に自由主義的、ベンチャー育成の企業風土があったわけでもない。また私欲追求に関しては、私益に適切な居場所を与えなかった戦前は、日露戦後の国家安定期にはいると「肥私奉国」型経済人による賤民資本主義を登場させた。戦後にも、経済大国の安心感がひろがったバブル期ごろから経営者のモラルハザードが著しい。

自立的個人主義指向・思想は明治初期にすでに出現していたが、天皇制国家が確立すると家族国家イデオロギー下の臣民社会秩序に埋没、包摂されていった。民主主義体制下の戦後も他人の眼、世間体、マスコミ、匿名の権威などによって個人主義の発芽が自己規制される傾向はつづいている。しかし飢えの心配から解放された今日、さまざまな自発的結社の形成、金銭よりも生活の質の豊かさをもとめる個人主義のきざしもみえ始めている。

さらに集団への一体化に対する嫌悪は、この国の個人主義者がいちばん明確に示す特徴であった。戦前、一部の文学者、哲学者を中心に、孤高・孤独な自我、が語られた。あるいは「現実暴露の悲哀」の中に私生活に逃げ込む自然主義文学が生まれた。ところで孤独で無力感に捕らわれていたのは彼ら高学歴者だけではなかった。都会の底辺には、食い詰めて都市に流入した工員、女工、苦学生などなど多くの「単身者」(神島二郎)の吹き溜まりがあった。彼らも所属集団から情緒的一体感を得ていたとは言い難い。戦後も、単身者文化・シングル・ライフ指向は根強い。集団ばなれの「私化」「原子化」傾向が日本の個人主義者の主流である。この集団帰属への無関心には次の三類型があげられる。

(1) 無(a)集団型：自分自身の価値追求だけに没頭して集団との関係に無関心な場合

(2) 脱(de)集団型：集団主義の体験に幻滅を感じて集団を拒否する場合

(3) 反(anti)集団型：自分の信じる価値観が本質的に集団と衝突する場合

プライバシーの不在、私生活の蹂躙は、「中性国家」の枠を逸脱していた天皇制国家においては制度内にくみ込まれていた事柄とも言えよう。現代ではマスコミが大手をふって私権を踏みにじっている。最後に私欲追求に関しては、自立型個人主義型が育っていない状態の裏面として、規範が内面化されていないことによって、旅先など世間の眼の届かないところでは驚くほどの欲望追求の暴走が、普通の人の中からも生まれやすい。この点も戦前も戦後も変わらない。

個人主義においては、個人と集団との相互連関状態が鍵をなす。「はじめに」でも論じたように、その形態として次の四類型を掲げた。

(a) 一人のとき自己疎外・集団の中で自己疎外
(b) 一人のとき自己実現・集団の中で自己疎外
(c) 一人のとき自己疎外・集団の中で自己実現
(d) 一人のとき自己実現・集団の中で自己実現。

これを丸山真男の個人析出のパターンを対応させてみると、「私化」タイプはb型に近く、「原子化」はa型ないしc型、「自立化」「民主化」はd型にはいるのではないか。そして上述のように日本で「個人主義者」と自認、他認される人は圧倒的にb型の「私化」タイプに属していると思われる。成熟社会となった今日、b型からa型あるいはc型に向かうか、あるいはd型に移行できるかに今後の個人主義の課題があるといえる。

ところで集団についてであるが、所与集団と目的集団、実体集団と機能集団、ゲマインシャフトとゲゼルシャフト、共同体と自発的結社という社会学的分類は、あくまでも理念型にすぎない。実際に人間が参加・所属する集団には、つねに幾分かこれらの両面を含まれている。自発的結社といえども結成直後から実体化が始まり所与集団の性質を帯びる。逆に所与集団といえども内部成員の努力で機能集団となりうるからである。したがって、ある集団の実質的性格が内部成員にとって、外在的所与集団なのか内在的自発的結社として存在するのかが重要になる。客観的にみれば所属集団に丸抱えされていても、当事者の主観的・主体的意識としては自発的参加であって自己実現に成功している場合もありえよう。

そこで次に、個人と集団の関係を、自己意識と生活事実を基準にして分類してみると、

(e) 自己意識において集団帰属・生活事実において集団埋没

伝統社会と成員、天皇制社会と臣民、会社社会と会社人間

(f) 自己意識において集団帰属・生活事実において孤立

戦前の大家族と単身者文化（神島二郎）

戦後のサラリーマン家族と単身赴任

(g) 自己意識において個人主義・生活事実において孤立

「孤独な自我」の文化人、「型なし教養」派、煩悶青年、高等遊民

デクラッセ、枯れすすき型渡世人、戦後のシングル文化

(h)　自己意識において個人主義・生活事実において集団帰属
(1)所与集団機能に帰属の場合
集団順応型……徳育のもとで自我実現した臣民、擬似近代人
集団利用型……成功青年、成金実業家
(2)自発的結社機能に参加の場合
「自立型」あるいは「民主型」個人主義者

というようなことが考えられる。

その他、重複のきらいもあるが近代日本の個人主義をめぐる論点として、日本の集団文化の特性を取り上げておくこととする。

集団を考察するときには、歴史的に長年培われてきて習慣となったその国の集団文化の特質（たとえば丸抱え集団）が、個人主義を封じ込め性質を帯びていたかどうかが問われる。この点で次の公文俊平の、西欧型集団と日本型集団の理念型を対比させた議論は興味深い。

(1)　**外界との対応として**　西欧型は指導者の責任で世界を支配しようとこころざす。対して日本型は、世界は支配対象であるよりも適応の場である。外の世界は自分の思う通りに支配できない。また支配しようと考えるべきではない。大切なのは自分を磨くことで。他人を批判したり、動かそうとするのはよくない。また自分も支配されたり指示されたくない、とする。

(2) **集団の意志決定に関して**　日本型は和を尊ぶ。意志決定においては、メンバーのできるだけ多くの同意、コンセンサスを得た方がよいとされる。多数決よりも全会一致を求めることが強い。このため、メンバーはなるべく角がたたないように個別の意志を抑えるように動く。

(3) **何をどこまで決められるか**　西欧型集団では限定的であるのに、日本型では無限定的である。何でも決められる（公文俊平・一九八七年十月・一七一三一頁）。

かくして日本型集団からは次のようなことが起こりやすい。

(1) 環境を変えようとしないで自己を磨く態度。→被動者・「指示まち族」を生み出す。

(2) 日本型集団の方が「皆に合わせる」ことが優先され、少数意見、個人行動は集団の破壊者として扱われやすくなる。

(3) 客観的モラルよりも全員の合意事項の方が絶対力をもつ。この組織の方が個人主義が通りにくいと言えよう。

この第三の点は丸山真男が、日本の組織集団にみられる集団的功利主義として論じた問題と連関する。すなわち集団的功利主義のモラルでは、自分の所属する集団に益をもたらす行為が善で、損をもたらす行為は悪である。個人は集団の方向に背いた個人的利益を追求することは厳に排斥される。個人は心の純粋性（清き明き心）をもって、集団に無私の奉仕を行うことが尊ばれる（『丸山真男講義録［第四冊］』一九九八年・五九頁以下）。鎌倉仏教論との対比で論じられたこの傾向は、今日でも、たとえば内部告発を裏切り行為とする企業姿勢、にも濃厚に流れている。したがって、どんなに普遍的正義に奉じていても、所属集団の方向と食い違う個人主義は排斥されるのである。

最後に個人主義を可能にする客観的条件の成長について、「時間」「空間」「人間関係」の拡大の事実を瞥見する。成沢論文の指摘したように、日本の場合でも近代化は新たな管理主義的秩序を形成したのは事実である。しかしまた近代化とともに、時間の解放、空間の解放、身体や人間関係の充実、すなわち個人にとってさまざまな選択可能性を増大させたことも事実である。ただ前者の事実は校則、刑務所管理規則、軍隊規律などの活字資料として残るのに比べ、後者のような私生活上の事象の方は記録に残りにくい。ＮＨＫ国民生活時間調査のような社会調査や私人の日記、自分史、文学などから検証することになろう。さらにデータによる数量的な測定だけでなく、質の測定が課題となる。「日本人は物質的に豊かになったのに、精神的に貧しい」、「自由なのに、こせこせして卑屈」、「ゆとりと言われながら、駆り立てられて忙しい日常を小学生時代から過ごす」現実がつづくならば、日本人の個人主義はまだ未熟と言わねばならないからである。

時間・身体

中野孝次の自伝小説の中に戦前の主婦労働の様子がこう描かれている、「母は朝から晩まできりきり立ち働いていた。朝晩二度徹底的にハタキをかける。二度も三度も水をかえて雑巾がけをする。その間に三度三度の食事の支度とその手早い完璧な後片付け、家族六人分の洗濯、買い出し、隣組の仕事、職人の世話、夜おそくまでの針仕事。子供の頃からこの母が一時もじっとしているのをぼくは見たことがなかった」(中野前掲・八三頁)。一日の時間をこのように家や他人のために使う母の姿を中野は「没我的」と表現した。これに比べ、電気洗濯機、炊飯器、掃除機、冷蔵庫などの普及は主婦をあきらかに過酷な家事労働から解放した。この一例からも操作可能な自由時間は年々の増加し、なんらかの形で自由と個人主義に貢献したはずである。

そもそも以下のような平均寿命の伸びは、人生そのものの利用時間の拡大をもたらす。

	男	女
一八九九—一九〇三年	四三・九七歳	四四・八五歳
一八二六—一九三〇年	四四・八二歳	四六・五四歳
一九四七年	五〇・〇六歳	五三・九六歳
一九五五年	六三・六〇歳	六七・七五歳
一九六五年	六七・七四歳	七二・九二歳
一九八〇年	七三・三五歳	七八・七六歳
二〇〇〇年	七七・七二歳	八四・六〇歳

（典拠：『厚生の指標』一九八六年一月号、二〇〇二年九月号）

『婦人公論』一九五五年二月号に掲載された石垣綾子「主婦という第二職業論」をめぐる坂西志保、清水慶子、福田恆存、梅棹忠夫等とのあいだで展開された第一次主婦論争は、まさに増大した主婦の自由裁量時間をめぐるものであった（この論争については菅原眞理子『新・家族の時代』中公新書、一九八七年・一三二―一三四頁を参照されたし）。いまや世界一の長寿国になった日本には、単純に言って自己選択の機会が増え個人主義的生き方が可能になっている。かえって有り余る時間の消費に苦しむ現象すら起こっている。長寿の背景には身体の独立性の増大があったのは言うまでもない。しかし私的時間の消費に関しては、他律的な買い物競争、余暇を吸収するテレビ、ミュージック、観戦用スポーツなどの市場となっているのも否定できない。

空間

近代の私的空間の拡大を示す資料として、西川祐子『借家と持ち家の文化史――「私」のうつわの物語――』（三省堂、一九九八年）をあげておきたい。本書は、日本の小説に描かれた「自分の身の置き場所」の変遷に着目して、近代日本における私的空間、《「私」の居場所》が、「いろり端のある家」→「茶の間のある家」→「リビングのある家」→「ワンルーム」へと移ってきたという興味深い分析を行っている。

「いろり端のある家」は田舎の大家族がモデルである。島崎藤村の『家』のように、座敷の建具をはずすと、ひとつづきの空間、家族はいろり端の序列の定まった席で食事し、家長は強い権限もち、全員を監視している。「茶の間のある家」は、都会に出て、一戸建ての借家または自宅に住み夫婦と子供が単位の家族の家。茶の間と居間が家族に親密な共同の空間であり、両親に隠居部屋、女中に女中部屋、書生に書生部屋があるが、家長の視線は家内部のすみずみまで届く。その父や夫の管理に反発して、家を出て借家、アパートに移るのが戦前の女性作家による「家出小説」(宮本百合子、佐多稲子、平林たい子、宇野千代……)であった。

「リビングのある家」は戦後の政府の持ち家推進政策の時代を反映している。夫婦と子供二人の核家族、一生の働きをつぎ込んで建てる持ち家。部屋にはピアノ、子供にはそれぞれ個室、夫婦には一つの寝室しかない。そこにおける居住滞在時間がもっとも長いのが主婦である妻で、もっとも少ないのが所有者である夫である。子供たちの個室はドアによって親の視線から遮られ、ともに食事することが少ない生活。家の中に部屋がはっきりと姿をあらわし、存在を主張し始める。「ワンルーム」は部屋が家の外に飛び出したもので、独り住まいの部屋として増えつづける。明るい部屋、新しい空間モデル。しかし、核家族は分裂してシングルとなり、それぞれが、家の中あるいは家の外に他人に足を踏み入れさせることのない空間をもつ。西川祐子は、このような私的空間の増大と孤立化の拡がりとして成熟社会の光景を描いている。この空間の個人化は新しい個人主義の可能性を予想させるものでもある。

人間関係

この国で個人主義を阻む大きな力は、知名集団を支配する権威主義と、匿名集団を支配する世間体や他人の眼であった。福沢諭吉が指摘した「権力の偏重」が依然として今日も検証される国だからである。タテ社会の権威主義を成立させるのは、上から権威的にしきる者、あるいは江戸の仇を長崎で打とう睨みを利かす上位者の存在と、萎縮してそれにしたがう下位者の存在である。

しかしながらその種の「タテ社会」を打破した新しい個人と集団を連関づける工夫も見られる。たとえば都市に出て来た若年労働者の自発的結社として「若い根っこの会」があった（加藤日出男・一九八四年・一六二―一六九頁）。次に紹介する舟木一夫ファンクラブ会報の投書なども、年齢、学歴、社会的地位をこえた組織原理の存在を示す一例である。「『私は舟木さんファンです。共に応援しましょうね。』到底想像もつかない所からお友達にとお便りが参ります。私のお友達と云えば竹馬の友と同じ職場の方だけです。それが職場も違い、学歴も年令も何の拘束もない自由な立場で、みんなが平等に、自由におつき合い出来るお友達が東京に大阪に青森に香川に広島にそして岡山にと出来た事です。この方々からのお便りはいつも私の心を、勤めの苦しさから開放し明日への力の源として元気付けてくれるのです」（「A子さん『歓び』」一九九七年・一一一―一一二頁）。

八王子市でふだん記文集『ふるさと』という長命な「庶民の自分史」活動を成功させた指導者橋本義夫は、「競争しない、差別を許さない、自ら進んで喜んで書く、新人に拍手する（新人優先）、年功序列を認めない、劣等感をあたえない、あらゆる職業、地位の人と共に楽しむ」という聡明な「ふだん記の原則」という集会原理を作り出していた（色川大吉・一九九四年・一七六―一八九頁）。タテ社会の人間関係を打破していく知恵である。

あるいは「小説を書き始めた動機は、正直言うと、何の資格もいらないから。これだったら、私にもできるかもしれない」と思って書き始めたという唯川恵は、「東京に住むようになってから、シングルの女性の多さに改めて驚かされました。……一見、華やかそうに見える彼女たちも、みんな高い家賃と、汚れた空気と、ハードな仕事にもめげずに頑張っています。決して特殊ではないのです。本当にえらいと感心し、同時に嬉しくなってしまいます。やっぱりみんなが頑張っていると思うと、心強く思いますからね。これだけたくさんシングルがいるので、回りからとやかく言われることはありません。いい意味での個人主義です。でもそれだけ、自分で自分をコントロールしなければならないというつらさもあります」（唯川前掲・一九九一年・一八五―一八六頁）と「いい意味での個人主義者」の存在を語っている。新しい人間関係のネットワークと自立した個人がそこにはいる。

最後に阪神大震災の救援活動に多数のボランティア、自発的結社型行動がみられた事実を挙げておきたい。これは一九二三年の関東大震災の場合と対照をなす。関東大震災のころ東京に集まっていたのは地方からはみ出した単身者たちであった。かれらは生き馬の目を抜くといわれる東京で、乏しい資源を競い、倖利をえて一旗揚げようと生存競争をつづけていた。しかも国際社会はロシア革命から六年目、政府当局者は共産主義革命の伝播を恐怖していた。そこに発生した大震災で、朝鮮人と社会主義者の虐殺、流言飛語の飛び交う混迷、天譴論が説かれる末世意識の社会状況がみられた。

これに比べて阪神大震災は起こった一九九五年の神戸、大阪には、高度成長期に「金の卵」と呼ばれて都会に移動した人々が定着して家をもち、結婚し、富や諸価値を比較的平等に配分され、中流意識を享受しながら生活していた。そして国際政治はベルリンの壁崩壊から六年目、世界全体が平和に向かって動いていた。震災のとき、「市民有事」に鈍感な日本政府の欠落を埋めたのは、全国、いな世界から集まり、自己組織を創造し、創意と工夫を発揮したボランティア活動家たちの連帯の輪であった。その後もボランティア活動はＮＰＯのなどの新分野に広がりをみせている。これは結社形成型個人主義が、現代日本社会に存在性・居場所を持ち始めた力強い予兆である。

（政治思想学会編『政治思想研究』第三号、二〇〇三年五月十日）

参考文献

「Ａ子さん『歓び』」『浮舟』６、昭和四十年八月（藤井淑禎『望郷歌謡曲考』ＮＴＴ出版、一九九七年より再引）
Dore, Ronald, *Will the 21th Century Be the Age of Individualism?*（ドーア／加藤幹雄訳『二十一世紀は個人主義の時代か』サイマル出版会、一九九一年）
福沢諭吉『学問のすゝめ』慶応義塾編『福沢諭吉全集３』岩波書店
――『文明論之概略』『福沢諭吉全集４』岩波書店

――『徳育如何』『福沢諭吉全集5』岩波書店
藤田省三「大正デモクラシー精神の一側面」『維新の精神』〈著作集4〉、みすず書房、一九九七年
濱口恵俊・公文俊平編『日本的集団主義』有斐閣選書、一九八二年
穂積八束「民法出でて忠孝亡ぶ」一八九一年（海野福寿・大島美津子編『家と村』〈日本近代思想大系20〉、岩波書店、一九八九年所収）
Inglehart, Ronald, *The Silent Revolution*（イングルハート／三宅一郎・金丸輝雄・富沢克訳『静かなる革命』東洋経済新報社、一九七八年）
井上忠司『「世間体」の構造』ＮＨＫブックス二八〇、一九七七年
石井洋二郎『差異と欲望』藤原書店、一九九三年
伊藤彌彦編『日本近代教育史再考』昭和堂、一九八六年
伊藤彌彦『維新と人心』東京大学出版会、一九九九年
色川大吉『昭和史世相編』小学館ライブラリー、一九九四年
『開化評林』（『明治文化全集24　文明開化編』日本評論社、一九六七年所収）
加藤日出男「集団就職」（エコノミスト編集部編『証言・高度成長期の日本（下）』毎日新聞社、一九八四年所収）
神島二郎『日本人の結婚観』筑摩叢書、一九六九年
唐木順三『新版　現代史への試み』筑摩叢書、一九六三年
川崎修「丸山眞男における自我の問題の一断面」（大隅和雄・平石直昭編『思想史家　丸山眞男論』ぺりかん社、二〇〇二年所収）
小林信彦「テレビの黄金時代」『文芸春秋』二〇〇二年四月号
小林よしのり『戦争論』幻冬舎、一九九八年
公文俊平「日本の政治文化」『午餐会・夕食会講演　特別号』学士会、一九八七年十月号

松沢弘陽『日本社会主義の思想』筑摩書房、一九七三年
丸山真男「個人析出のさまざまなパターン」『丸山真男集9』岩波書店
――『丸山真男講義録［第四冊］』東京大学出版会、一九九八年
中野孝次『麦熟るる日に』新潮社、一九七八年
夏目漱石「私の個人主義」一九一四年（小田切秀雄編『個の自覚』社会評論社、一九九〇年所収）
成沢光『現代日本の社会秩序』岩波書店、一九九七年
新島襄「人種改良論」『新島襄全集1』同朋舎、一九八三年
――「押川方義宛明治二十一年十二月三日書簡」『新島襄全集3』同朋舎、一九八七年
――「横田安止宛明治二十二年十一月二十三日書簡」『新島襄全集4』同朋舎、一九八九年
西川祐子『借家と持ち家の文化史――「私」のうつわの物語――』三省堂、一九九八年
野田正彰「『心の教育』が学校を押し潰す」『世界』二〇〇二年十月号
岡田典夫「日露戦後の教化政策と民間」（伊藤彌彦編『日本近代教育史再考』昭和堂、一九八六年所収）
坂口安吾『堕落論』
作田啓一『個人主義の運命』岩波新書、一九八一年
佐野真一「斎藤十一」『中央公論』二〇〇一年三月号
――「蓋棺録」『文芸春秋』二〇〇一年三月号
Schnarch, David, *Passionate Marriage*（シュナーチ／崎尾英子監修『パッショネイト マリッジ』作品社、二〇〇二年）
菅原眞理子『新・家族の時代』中公新書、一九八七年
竹越與三郎『新日本史』一八九三年（『明治文学全集34』筑摩書房、一九七四年所収）
特集《日本はこれだけ変わった》『文芸春秋』一九六二年六月号
徳富蘇峰「家族的専制」『国民之友』第一九四号（海野福寿／大島美津子編『家と村』〈日本近代思想大系20〉、岩波書

店、一九八九年所収）
植木枝盛「いかなる民法を制定すべきや」『国民之友』第六〇号、六一号（海野福寿・大島美津子編『家と村』〈日本近代思想大系20〉、岩波書店、一九八九年所収）
植木枝盛『無天雑録』『植木枝盛集9』岩波書店、一九九一年
山崎正和『柔らかい個人主義の誕生』一九八四年（中公文庫版、一九八七年）
米原謙『植木枝盛』中公新書、一九九二年
与謝野晶子「文化学院の設立に就いて」（文化学院史編纂室『愛と叛逆』、一九七一年所収）
吉田熊次「教育勅語と国民学校教則案」初等教育研究会発行『教育学研究』第五一九号、一九四〇年十月
湯浅初子「家庭の革命　人倫の恨事」『国民之友』第一六〇号（海野福寿・大島美津子編『家と村』〈日本近代思想大系20〉、岩波書店、一九八九年所収）
唯川恵『シングル・ブルー』大和書房、一九九一年

II

中流社会の風景

現代儀式の風景

儀式の哲学

キリ子　なにを浮かない顔しているの。

だら夫　軽率にも「現代人と儀式」なんて原稿を引き受けて、つくづく後悔している。こんな文章が一番こわい。学者先生のたぐいはむつかしそうな本を読んでいる恰好をしているが、わが身から察するに、退屈し切っている。だから軽くて面白くて、しかも同僚の本性がバクロされそうな読み物が出ると、飛びついて読んで酒の肴にするわけ。それを想像するとたまらない、うっかり書けないよ。

キリ子　ハハハッ。でも引き受けたというのはなにか書いてみようという下心あったのでしょう。もう遅すぎる。

だら夫　今さら言われなくてもわかっているよ。

キリ子　そうなったら道は二つ。ひとつはハチャメチャに自己バクロして沈没したらどう。藤田省三が

「旅行記と人物論は必ず自己を語ることになる。書くときはよくよく注意せよ」って名言を言ってたでしょう。その点だらちゃんは、日本思想史専攻ってことで、もっぱら人物論をやることを仕事に選んだんだから、自己バクロなんて覚悟のはずよ。

コラッ、だら夫、ダラリン、聴いてるの。今の時代、ちょっと外国生活してきただけで、有ること無いこと本にしてひと儲けする人がいっぱいよ。文章なんて使いすてカイロと同じ、気にしないことね。でもだら夫、もしかして「自己バクロがこわい」なんてかっこいい言葉を使っているけれど、ほんとうは暴露するほどの自分がなくって、中身が空っぽなんじゃない。それならいさぎよく沈黙しなさい。「語ることがないときは、沈黙すべきである。書くことがなければ、書いてはならない」。さすがこれも藤田省三らしい名言よ。私、今の日本の学者先生、いや文化人全員に進呈したい警句だと思うわ。

だら夫　そうキリキリ、キリキリせめないで助けてくれよ。

キリ子　それならば第二の道。「私はいっさい儀式の類は嫌だ」くらいの書き出しにして、思いっきり恰好をつけて誤魔化したら。「日本文化の八割は恰好だ」というのは、当りね。これは「笑っていいとも」でタモリが吐いた名言よ。今のご時世、恰好さえついていれば、おとなしく、礼儀正しく、心ではしらけていてもそんな素振りもみせずに応対してくれるわ。「唯野《ただの》教授」もゴロゴロしているけれど、「唯野学生」はもっと多いから、誤魔化せばへっちゃらよ。空虚なときほど権威をつけて売りこみなさい。

外国語をまぜたり、「これはすこし高級すぎて大学生では分からないかも知れないが」とか飾りをいれて、押しの一手よ。すると案外だまされて、尊敬されたり、学生のファンができたりするかもよ。

だら夫 日本文化の八割は恰好か。この点では、キリちゃんよりも僕の方がもっと辛辣だ。今の日本に二割も本物があったら大したものだ。せいぜい五％じゃないか。その五％を相手に僕は仕事をしたい。

キリ子 ワァー、かっこいい。惚れぼれするわ。

中身がないといえば、この四月同志社でやった司馬遼太郎の講演はお粗末だったわ。「京都駅から田辺校舎に移動する間に準備するつもりだったが、話しこんでいて出来なかった」なんて言い訳から始まり、終了時間ばかり気にしながらの散漫な話に終始して、もうガッカリ。私の司馬イメージは暴落したわ。

だら夫 たしかにあれはひどい手抜きだった。もし明治の世で、熊本バンドの学生が聴いていたら立往生させただろうし、昭和二十年代の同大生だって黙っちゃいなかったろう。もう少し期待してたんだけどね。もし私のゼミであんな報告をする学生がいたら、落第か少なくともやり直させるよ。

キリ子 それに較べると山田洋次の講演は、伝えるべきものを学生に語ったし、また、参加者こそ少なかったけど、ポーランド事情に関する工藤幸雄の話はすばらしかったわ。こんどキリ子も、偽学生になって田辺校地の授業を盗聴してみようかしら。

だら夫 オイオイ、そんな物騒な。それは仁義にもとる、あきません。しかしもっともっとひどい講演もある。それらが下火にならないのは、この国には内容チェック機能が欠けていて、看板が物をいうからだ。これを私は「包装紙文化」とよびたい。しかしねえ、この手のものは「儀式」だからあれでいいんだよ。わが大学が声をかければ、超多忙な有名人でも足を運んでくれる。人も大勢あつまった、企画としては成功なんだ。中身の良し悪しは、当りはずれがあるさ。だから、講演後は、司馬遼太郎のような有名人が来た、という事実を広く世間にPRすることが価値をもつんだ。

キリ子　だら夫先生、「儀式」ならば中身がなくてもいいの。大学ってそんなところ。だらちゃんの論法でいくと、話すことがないときに話し、書くことがないのに書くケースが「儀式」ということになりそうね。

だら夫　ちょっとストップ、閃めいた。今のキリちゃんの発言でなにか書けそうだ。……

儀式と中身、形式と実態、型と内容、それから、たてまえと本音、ウェーバーの理念と利害状況、マルクスの上部構造と土台、カントの概念と直覚、さらに古くはパウロの霊と肉、……

キリ子　なにそれ。突然かっこついてきたようね。

だら夫　わが敬愛する大思想家はいろいろな言説をつくったが、その発想様式には共通点がある。要するに右の語群で「前者なき後者は盲目的であり、後者なき前者は空虚である」という定式が得られるわけだ。つまり「盲目的」と「空虚（ないし形骸化）」この二極をたてて、哲学を構想したことになる。

これを「儀式」の場合にあてはめてみると、「形式なき内容は盲目的であり、内容なき形式は空虚である」という一般定式が得られる。
キリ子　そんなむつかしい言い方をしなくても、そんなの日常あったりまえのことじゃない。大学の先生ってキザねえ。
だら夫　そう一蹴するなよ。思想界の巨人たちは必ずやすばらしい英知を語ってくれたはずだと信じて、長期間読書してきて見つけた言説なんだから、やはり使ってみたくもなるさ。

儀式の政治学

キリ子　いつもだらちゃんは、「儀式は嫌いだ、真心さえあれば十分」って青年みたいなことを言うけれど、私反対よ。形式をなくしたらなんにもなくなるわ。そんなのかえって落ち着かなくなる。
だら夫　一概に反対しているわけじゃない。現代には見栄のはりあいのような無意味な儀式、有害な儀式が多くって、おたがいに息苦しがっている、と言いたいんだ。
キリ子　しかし、どんな儀式にも必ずなにか意味があるからやってるんじゃないの。
だら夫　そこが問題だ。危機の時代には「目的は手段を正当化するか」という問いが重要だが、今の日本のように平穏無事で目標喪失の中間大衆社会、もてあました暇をテレビ三面記事が朝から吸収するような退屈の時代には「手段が目的を正当化する」事態の方が深刻だ。
キリ子　なにかむつかしい話になりそうな雲行きね。

だら夫　今や、しなくてもすむことを、もっともらしくやることで、何となくそこに意味がつくられていく。形式が（偽の）内容をつくり、手段が目的や意味をつくる。儀式なんかその典型じゃないかな。目的と手段の倒錯、あるいは手段や道具の物神化、フェティシズムという奴だ。

キリ子　なーるほど。そういえば、今度宇治市は全国植樹祭という「儀式」のために、ひろい広い自然林を伐って会場を創ったらしいけど、おかしな話ね。

だら夫　いいところ突いている。「儀式」をつづけたい役人の猿知恵のゆきつくところ、木を伐って植樹祭とは……。本末転倒大賞ものだ。

　話はかわるけど、この国の音楽会も滑稽なほど儀式めいている。超有名音楽家の場合は別だが、まずは空席を埋めるのに苦労する。割当てられた数十枚の義理券を配って動員をかける。フランス人形もびっくりするようなコスチュームの出演者が恥じらいもなく喜々として登場する。どんな演奏であろうと、曲が終るや否や、盛大に拍手する。曲に聴き惚れていたというよりも、あたかも拍手の時をてぐすねひいて待っていたようにすぐに。つづいて判で押したような花束贈呈、判で押したようなアンコール。……すべては儀式化して進行する。

キリ子　なんでそう斜に構えるの。もっと素直に聴いて喜んであげられないの。一生懸命演奏するの偉いと思えないの。

だら夫　いや僕だって感心することもあるし、自然にあふれ出す登場者の人間的な表情に〝可愛いいなあ〃とみとれることもしばしばあるさ。

音楽ならば耳さえあれば良し悪しが判定できるからまだいい。判定困難、またはそれを許さないような儀式は、中身と無関係に権威をつくる装置になりうる。今話題の小説『文学部唯野教授』のなかにくだらん内容の意見が有名新聞に載ったということで、そのコピーを配って元気づく俗物教授が登場するが、その手にだまされる読者もゴロゴロいる。

キリ子　またまた眉間にシワまで寄せて辛辣ね。

だら夫　それはねえ、儀式の性質のなかには政治権力によって利用され易いものが含まれているからなんだ。政治権力者はヒナ段に並ぶ順序で権力関係を示すこともあるし、「儀式」を通じて国民を支配することもよく行なう。その際、権威を示す道具は形式だから、権力指向型人間は形式や肩書きや序列にものすごく敏感になる。自分は高くなくてはならず、ライバルは低くなくてはならない。

キリ子　儀式が権威をつくるってわけ？

だら夫　そうなんだ。明治天皇制でいえば、天皇の権威がさきに存在していて国民がそれを崇拝したのではない。事実は逆だ。官僚たちが教育勅語奉読式のような「荘厳な儀式」を発明して、その式場にただよう神聖な雰囲気を生徒の脳味噌に刷り込むことによって、天皇の絶対的権威が高められたといえる。権力者たちはつねに自己を強める儀式を工夫するものだし、そしてまた儀式が茶番に転ずることを怖れるものだ。

キリ子　それじゃー儀式というものは、主催者にとっては有効な道具で、動員される側には空虚なしろものっていうわけ?

だら夫　いやいやそんなに単純じゃない。参列者側がしらけるような儀式は、本当は失敗なんだ。上手な主催者は参列者を乗せて感激させてしまう。この点一般的に、西欧の政治家の儀式の演出の方が、日本の政治家のよりも洗練されている。コチコチのぎこちない公式儀式がこの国には多い。まして朝礼で怒鳴って怒鳴って整列させる生活指導の先生などは、下手の見本のようなものだ。

キリ子　しかし結婚式なんかは、主催者よりも参列者側に上司や年長者が多いから大変ね。

だら夫　そーなんだ。「滞りなく」進行させるのに大変気も金もつかう。スピーチのなかに「本当に……」という言葉が連発されたり、「近頃まれにみる好青年」が式のたびに一人ずつ生産されたりするのは、主人公に重みをつけて式が空転しないように無意識に配慮した結果と見ることもできる。

キリ子　へえー、面白い。

だら夫　政治学的に儀式を成功に導く要点をならべてみると、①主催者は参列者を集める（成立のための対策）、②「粗相」なく、「滞りなく」進行させる（妨害の排除、ないし茶番劇にしないため対策）、③義理や強制で参列している者を引きとめるために記念品や名誉を与えたり、おどしたりする（しらけた空気慢延防止策）、④参列者にユーモアや感動を配給して満足感を与え、乗せて味方に引き込む（支持者拡大政策）、などがある。

キリ子　しかしだら夫、儀式の主催者と参列者が対立関係っていうのはなにか変よ。

だら夫　それは儀式を、「専制的主催と強制参加」型と「民主的主催と自発参加」型に区別して考えればいい。後者のなかには主催者イコール参加者として成り立つ式もあるが、日本では普通それは「儀式」といわれず、「お祭り」とよばれる。

キリ子　はいはい、そういうことにしておきましょう。ところで「好ましい儀式」ってどうすればいいの。

だら夫　まず内容と形式との相伴った儀式にすることだろう。一般的に形式の固定化はうさん臭い。固定化し伝統化すると儀式はしだいに内容や実態と離れることになりやすい。内容に応じて形式をつくり変えてゆく柔軟性をもつことが大切だと思う。

もうひとつは、人間が儀式を主催するのであって、儀式が人間を支配するのではない、ということ。儀式は道具なんだから、それを物神化しない精神をもつことだと思う。

キリ子　分かるけど処方箋になるとだら夫はいつも抽象的ね。

儀式の経済学

キリ子　ところで日本が豊かになったせいか、衣食足りて礼節を知るというのか、この頃の結婚式は派手ね。

だら夫　ありゃ大変だよ。けっして豊かで余裕でやってるってものじゃないよ。アイドル歌手がテレビ中継付きで挙式するのは、人気商売としての投資だから引き合う。また多くの社会的儀式、たとえば社長就任披露パーティーなんかは、会社の経費で落すから問題は少ない。しかし葬式と結婚式は個人主催だ。料理やら、色直しやら、写真やら、キャンドル・サービスやら、引出物やら、ワンサカ金をかける。とくにここ数年で大変派手になった。

キリ子　そういえば六丁目の淀川美里ちゃん、軽井沢の教会で二人だけで結婚式を挙げてきたそうよ。他人の挙式をみていてウンザリしたらしい。近所の奥さん達からは「理想的だわ」と大好評になっているわ。

だら夫　フムフム。やればなんでもないわけだ。

キリ子　それからね、太郎の同級生の木津川散歩君、サラリーマンしてるでしょ、名古屋のお嫁さんもらうことになったの。そうしたら、枚方の新築の狭いマンションに、巨大な花嫁道具一式が運ばれてきて、とても納まりきらないから、そのままトラックで名古屋の実家に持ち帰ってしまったそうよ。木津川君のお母さんは、「分かっているのに、なにもわざわざもち込んでくることないのに」と大変怒っていたわ。

だら夫　本当か。こりゃ、漫画だ。散歩君、木津川を乱歩だ。

キリ子　コラッ、だら夫。その傍観者的態度が気にくわない。こんな浪費経済社会、こんな金の使い方の知らない日本人を育てたのは、あなた方社会科学者の責任よ。これも日本人の貯蓄率を高めている一因だから、ボヤボヤしてたら、日米構造協議でとり上げてもらうわよ。

だら夫　皆そんなに派手にやろうと初めから考えているわけじゃないよ。ほどほどにつつましくやりましょう、と「御両家」とも考えているんだ。ところが段々値がつり上がってしまう。プロの業者は中流の弱味をよく知っていて、「この程度は」とか「人並みに」とか世論の常識とかを、さりげなく紹介する。ほんとうは自分たちで作った基準を押し付けているだけなんだが、不動産の仲介と同じで、セリ上げて高値づかみさせる。

キリ子　よく銀行の調査として、昨年度の結婚式にかけた費用の平均額は〇〇〇万円なんて数字が新聞に出るけど、やはり気になるわ。

だら夫　あれはどんなデータのとり方をしたかも不明で、ささやかな式などは多分初めから数に入れてない。あんなのにこだわったらだめだよ。

キリ子　でも小学校以来、平均点とか人並みとか、他人と比べることばかりで育ってきたもの、気になるわ。

だら夫　しかも伝統が崩れ、型を喪失している。しかも、社会変動つづきで新型がつぎつぎ流行る。しかも、中流意識層は親よりも生活程度を高くしたいという変身願望が強いから、流行に弱い。特に「型なし」となった都市民は自信をなくし、形式の最終判定権を仲介業者に託している。なさけないね。

キリ子　これ国民性？

だら夫　いや違う。業界の必死の売り込みに乗せられたんだ。よく、人間は無限の欲望をもつ、といわれるだろう。古い政治学や経済学はこの前提に立ってつくられた。ところが豊かな社会が実現すると、人間そんなに無限に喰べたりしないことが分かった。むしろ低カロリーが必要になったりする。まして知識欲なんかすぐ飽和して学生は勉強しなくなる。

キリ子　なるほど。だら夫先生のボヤキの原因だ。

だら夫　それで、実際の必要を超えた購買力を引き出さないと物が売れない。一生懸命欲望をかきたて、あるいは「世間並み」ということで不安をあおって、売り込んだ成果があの「おしきせ」の結婚式さ。

キリ子　要するに商売人にあやつられるな、自己流の生活様式をもっておし通せ、怖がるな、というのね。だらちゃんは。

だら夫　その通り。今の派手な様式はやめるべきである。

キリ子　どのようにして。

だら夫　物量をきそい、札束をものさしにする傾向に断じてノーといい切る精神をもつことに尽きる。いっそのこと百万円以上の挙式には四〇％課税してしまえば、すぐ廃《すた》たる。

キリ子　そんなアホな。大正人のように形式を無視しては負けるから、なにかの形式は要るわ。

だら夫　世間からは標準を「おかみ」に定めてほしい、という声が出て、文部省あたり喜んで標準を示すかも知れないが、それには絶対反対だ。これはあくまでも私人の問題で、行政が介入すべきではない。個人のライフスタイルや地域性によって多様な形式があるべきだ。非営利的権威がモデルを創ってみるのはどうだろう。たとえば同志社が宗教主任らの知恵を集めて新様式をあみ出して、結婚式場も用意しておく。大変な社会的貢献になると思うよ。

キリ子　まず、色直しを廃止する。大層な引出物はやめる。

だら夫　あとは実践あるのみ。そろそろ沈黙すべき時がきたようだ。これ以上話せば、「妄りなる虚しき物語は避けられず、ますます不敬虔に進み、その言は脱疽のごとく腐れひろがるべし……」。

（同志社大学宗教部『レゴー』第一九号、一九九〇年秋）

中流意識の行く末

今日、日本人の九割以上が自分の生活水準を中流と答えるという。しかし、これは中流所属意識の表明にすぎないのであって、「中流意識」が育っている意味ではないと思う。高度成長は冥々の間（知らず知らずのうち）に生活水準を一変させたけれども、この国の生活者は活気のうらに一種の〝貧しさ〟を同居させている。会社の管理主義に自己を奪われている父親、持てる能力を活用する場がえられず、テレビと子弟進学に熱をあげる主婦、列を乱してバスに殺到する塾帰りの息子、情操教育のつもりがピアノ教師のサディズムに耐えている娘、家族そろって食事する機会がなく、半ば下宿と化した家庭等々のわびしい光景を想起すれば、この国に「中流意識」なるものが根づいているのか大いに疑わしい。

歴史をふりかえると、明治以来わが国では名望家層の解体がつづいた。名望家層がその生活様式、生活倫理、社会的影響力を失っていった歴史はすなわち「中流意識」解体の歴史であり、同時に「出世意識」に満ちた成り上がり者が勤勉といささか粗野な元気によって国を造った歴史でもあった。この場合の出世意識は多分に生存競争型人生観に由来するもので、積極的にはひと旗あげて立身出世を図る成功競争の意識であり、消極的には枯ススキ型敗残者になり下がることを恐れる落ちこばれ回避競争の意識であった。そして中間層が上下に分解する傾向をたどった戦前の場合、多分にこの出世意識は投機的、冒険主義的、攻撃的な様相を示した。

さて敗戦後、農地解放等の戦後改革と高度成長の結果、富や諸価値が比較的バランスよく均霑《きんてん》(平等に与える)されたことによって、史上空前の中流所属意識層が生み出された。しかし、かれらも一皮むけば「出世意識」に濃厚に刻印されている。この人々はいま享受している生活水準の維持、向上に熱心であり、一見、戦前よりも防御的、堅実的でスマートな装いをまとっているが、やはり出世意識に動機づけられていることには変わりない。

もっとゆとりをもって暮らしても良いはずなのに、何故現在でも人々はアクセク出世競争に駆りたてられるのか。それは第一に、今日の中流層の底が浅いからである。生活不安をかかえ〝万一〟におびえているローン返済途中の中流層だからである。

第二に、いまの日本社会は度を超えて「競争」原理をくみ込んで人間を動かしているからである。どんな無意味な作業や行事にも、「競争」というスパイスをふりかけさえすれば、人々はわずかな格差を争って活き活きと熱中し始める。偏差値、ランキング表、隣人のウワサによる評価等はこのレースの成績表であるから、それらは競争当事者を〝麻薬〟のように魅了してやまない。

そして第三に画一的な同調文化の問題がある。勉強でも仕事でも肩書でもスポーツでも遊びでも、

「人並み程度」という平均モデルが前提にされているから、その水準に達しない者は「落ちこぼれ」にならないよう必死でガンバラなければならないのである。

中流程度の暮らしを自認しながらも、このように出世意識、競争意識によって刻印されているとすれば、日常生活は活気こそあれ、さもしい風景を呈するのもむしろ当然ある。この点からいえば、われわれの意識は、高度成長後も中流に安住しえたわけではなく、優等生か落ちこぼれか、勝者か敗者かという二重構造論的発想にまだ深く支配されている、と説明できそうである。

では中流意識を成熟させるとはどういうことだろうか。たとえばそれは、人間性を害《そこ》なう競争には、損を覚悟で一歩ふみとどまることであり、教育ママはあたたかい視野を他人の子供にまで拡げることであり、部長夫人は夫の肩書から自己を解放して自立することであり、会社人間の亭主は自分の能力の幾分かを地域社会にもふり向けることであるまいか。競争と画一的同調の専制に代わって、人々が自分の納得のいく生き方を選択し、多様性と連帯が市民権をうるとき、「中流意識」はかつての名望家意識以上にたくましい社会構成原理となって定着していくであろう。

(『毎日新聞』一九八四年六月二十八日夕刊)

出世意識と中流意識

明治の書生、今日の大学生

テーマとして「出世意識と中流意識」と書いておいたわけですけれども、この講演を承りましてから困りまして、今の大学生と戦前の大学生とではかなり意識が違うのではないか、恐らく戦前は出世意識が強くて、今はむしろ中流意識が強いのではないか、と漠然と仮定してみたわけです。しかし出世意識、立身出世という問題は、近代日本を貫いている非常に大きな隠れた動機であり、現在の日本の資本主義を支えている強力な推進力といってもいいかもしれないとも思うわけです。それですから、資本主義の精神というものがもし日本にあるとすれば、やはり出世意識というものが大きな働きをしていると思いながら出かけてきました。また、今日ブームの観があります日本人論で論じられる行動様式も、実は必ずしもわが国古来のものではない、明治以降の出世主義に付随して現れる現象が多いのではないかと思うこのごろです。

中流意識につきましては例示的に述べますと、少々けさ眠かったので、有名なコーヒー店の近鉄の京都駅支店でコーヒーを飲んだのですが、出されたコーヒーに驚いたのです。ミルクも砂糖もすでに全部調合されて出てきたのです。自慢の味なのでしょうが、結局、「コーヒーの味はこうですよ、こう飲むべきですよ」と、強制されているような気もして、私自身としては、この店には、これから来ないだろう、と思いながら出てきたわけです。このコーヒーの味の「お仕着せ」は日本の中流文化の一面を現している気がするわけです。都市化されて、そして洗練された、しかし画一的な行動様式というものを皆がまねることを要求されている意味としてです。

ところで、立身出世にも中流意識の育成にも、教育機関が介在しています。たとえば、諸君、「書生の羊羹《ようかん》」という言葉をご存知ですか。明治時代のことばですが、書生の羊羹といいますと、焼き芋なのです。貧乏な学生が焼き芋を買って頑張って出世にはげむという生活をしていたわけです。ところが、今や同志社大学はどうかというと、たとえば、大学近所には西洋人のケーキ屋さんができ、高価なケーキをこのごろはやりだしたキウイ・フルーツをきれいに飾り、しゃれた店内で食べられるようになっています。モダン様式で大学生を捕まえている。大変なハイカラ主義なのです。大学という制度を使って成長していくなかで、こういう文化に馴染む構造ができるのですね。中流階級の予備軍として卒業していくわけでありましょう。こういう状況自身を、われわれ日常のなかに見まして、少しそれを考えてみたいな、というのがそもそもの今日の話の出発点です。それで、立身出世について、少し歴史的に遡って、問題を見ていきたいと思います。

経済成長の隠れた動機

先ほども申し上げましたが、近代日本の発達を支えた大きな隠れた動機は立身出世です。それを裏付けたのは教育制度です。明治は教育熱が盛んでして、高い就学率、低い文盲率を誇ったわけですが、そのときの大きな隠れた動機というのは、「出世」なのです。息子は偉くなった故郷に錦を飾り、親を楽にさせたいと思い、親の方はわが子を幸せにしてやりたい、いい生活をさせたいという動機が働いて、それが高い教育水準を支えてきたわけです。もちろん出世主義の裏では風紀の紊乱《びんらん》等々の弊害も続発しました。しかし、そのマイナス面にもかかわらず、明治国家は出世を公認し、あるいは黙認して国家の活力を調達してきました。卒業式で歌う「仰げば尊し」の何番かのなかに、今は歌われなくなりましたけど、はっきりと「身を立て名を上げ、やよ励めよ」とありました。この「仰げば尊し」ができましたのは明治十七年で、以来、大らかに出世主義が歌われていたわけです。この明治以降の出世は、それ以前の出世とは違っているわけでして、その点を少し紹介してみたいと思います。

時代で変わる出世スゴロク

出世という言葉は江戸時代にもあります。その出世意識をうかがわせるいい資料は、スゴロクです。スゴロクというものは、「ふり出し」から「上がり」まで進むわけですが、江戸時代の出世スゴロクの「ふり出し」は、親元から離れて丁稚奉公にいく、つまり職人見習いを始めることです。それは大体、親のやっている仕事、家業の見習いです。そして出世の段階を表すのが自分の住む家の様子です。初めに長屋住まいから身を起こしまして、やがて一軒家を借り、最後にはついに自分で自分の家を造って「上がり」となる。これが江戸時代の出世です。だから、ここでは自分の移動や地位の上昇というよりは、与えられた境遇を前提として、そのなかで自分の身代を築く過程のことでした。その方法は、自分の腕をみがくこと、一人前の職人になることであり、これが出世の実質だったのです。

ところが、明治以降の出世スゴロクはがらりと様変わりします。前田愛氏によりますと、明治の中期以降の「出世スゴロク」とか、「遊学スゴロク」のふり出しは、大体、人力車夫、牛乳配達、それから書生です。こういう身分、職業から始まりまして、次第しだいに職業、身分を転じながら明治の階級社会を上がっていく。しかも、いくつかにコースが分かれていまして、「文のコース」ですと、官僚や博士になっていくコースです。それから、「武のコース」がある。軍人の方は非常に出世が早いのですが、「戦死」という落とし穴があります。代議士とか弁護士になるコースというのは、軍人よりも出世が遅くなっています。「女性コース」の方はどうかというと、家事手伝いや多くの稽古事を経ながら、女子学習院に入り、最後に政府の高官か華族と結婚するルートですが、このコースを選択すると駒が多くて非常に上がりにくく作られています。そして、最後がどこへ行きつくかというと、宮中園遊会なのです。功成り名を遂げ、勲何等かをもらい、ついに天子様の園遊会に招待される。これが「上がり」です。

江戸の出世・明治の出世

江戸時代には地域社会のなかで止まっていたのに対して、明治以降はまず都市へ移動し、さらに中央政府に結びつき、最後には、宮中園遊会で自己と天皇国家を一体化するというルートをたどる。このように、江戸時代には移動を前提にしないのに比して、明治以降の出世は社会移動を前提にしているのが特徴です。明らかに、空間的にも時間的にも身分的にも移動しながら上がりに近づいていきます。それから、江戸時代の場合には、熟練した職人になることが出世です。こういう「である社会」のなかに通用する一人前の職人、成熟した社会人が出世のモデルです。しかし、明治以降においては、そういう専門家ではなく、ジェネラリストの方が出世するのです。諸君でも銀行に就職しましたら、最初の二年くらいは集金などあらゆる仕事を経験させられるわけで、それから出世競争コースにのっていく。大体、官庁でも専門官になると、出世コースからはずれるといわれる。出世していく方は業務や地位をポンポン移動しながら、課長に、局長に、次官にとジェネラリストとして出世していく。

そのかわり、職業人としての人間の味、何といいますか、職人としての彫りの深さは育ちません。いいかえますと、明治以降の出世の場合は、行きつくところは行政官僚か、あるいは工学部出身であれば技術官僚になっていくことです。つまり、江戸時代にはあった生活様式の定型性が明治以降はなくなるわけです。誰もが背広を着ていて、外見上区別がつかない時代になっていく。しかも、定年退職して企業から離れてしまうと、非常に中身のうつろな人間しか残らないのです。

明治青年の出世熱

この出世を近代型の出世としますと、これは明らかに明治から始まっています。最初は文明開化の非常に明るい時代があるわけです。身分社会からの解放と能力主義が宣伝された時代です。誰でも能力さえあれば出世できるのだし、貧乏は本人の怠惰のせいであると説明がされるわけです。福沢諭吉の『学問のすゝめ』がそうですし、中村敬宇が訳したスマイルズの『西国立志編』がそうです。ここでは初めて人間の欲望が解放され、エゴイズムが肯定されました。この理屈に、永く抑圧されていた青年の巨大な血がおどって、全国的な出世ブームが起こったわけです。そのころはやった歌は、「書生、書生と軽蔑するな、末は大政官のお役人」と歌っています。「今は書生でも、やがては中央政府のお役人になってみせる」と歌い上げます。これが明治十四年になりますと、「書生、書生と軽蔑するな。大臣、参議も、もと書生」と変質します。つまり、これから出世してえらくなるというのでなく、現在の大臣も、もとは書生だった、今の自分と同じだったじゃないか、と過去を回顧する方に変質しました。それだけ出世が難しくなってきていたことを反映しているわけです。

やがて学校制度が定着し、学校を介して出世することが明治国家における出世ルートの定型になってきます。明治三十年代のころから、それは定着します。山路愛山によって、えらくなっている人の「十のうち九までは大学出である」という言葉が明治四十二年には書かれるのです。この時期になりますと、出世のルートが固定化し、しかも、上層へ流動していくチャンスが減少してきます。この時期にさきほどの歌は、「書生、書生と軽蔑するな、家に帰れば若旦那」と、こういうふうに変わります。つまり、学校や職場ではうだつが上がらない、奴隷のようであるが、家に帰ると小天皇であるという歌に変質してくる、大変小粒になってくるわけです。

「成功」ブーム

それから出世意識のもう一つの転機は日露戦争でした。日露戦争が終わるといわゆる「成功」ブームが世間に出てくる。これは以前の「立身出世」に比べますと富の追求というもっと私的な傾向を強めたもので、目標が非常に具体的になり、小粒になり、俗化してきます。それを煽る本がたくさん出てくるわけです。たとえば、これは黒岩涙香が大正二年に『第二青年思想論——一名大正維新論』のなかで書いていることですが、「近年、処世法の世に公にせられたるは何《ど》れほど多いか。ほとんど送迎に遑なしと云ふべき程ある様に見受けられる。或る雑誌などは処世訓を繰り返し繰り返し説明をする外に目的は無いのかと疑われる程であるが、其れでも世人は聴き飽きることを知らず、繰り返し繰り返し読むなかに、何か漸新なる方法をでも得て、一足飛びに成功の彼岸に達する近径を見出すことが出来るで有らうと云ふ如く期待して居るように見え、目を皿の如くして処世訓を読む様子である」。こういうふうに成功雑誌が大変売れるわけで、そこでは名士たちがいかにして勉強し、いかにして出世したかという努力談と修養談が書かれる。それが飽きられずに読み継がれることが続けられるわけであります。

出世競争が生み出す社会問題

以上、明治期の出世を概観したのでありますが、この出世に付随して、世の中にどんな問題が発生したかについて触れたいと思います。それを考える際にまず、徳冨蘆花の「断崖」というこの資料をご紹介してみたいと思います。明治における出世のケース・スタディとしてなかなかよく書けていると思うのです。ご存知のように、徳冨蘆花は同志社に学んだことのある人ですが、兄の徳富蘇峰が非常に外向的だったのに比べ、とても内向的な弟なのです。しかも、同志社時代、あまり幸福でありません。同志社創立者の一人、山本覚馬のお嬢さんに恋をするわけですが、新島襄とか、お八重さんから止められて、半ば茫然自失のなかに東京に出奔してしまうのです。『黒い眼と茶色の目』という彼の小説がそのときの話です。新島襄の黒い眼と山本久栄の茶色の目です。

そういう経験を持った青年ですが、ときどき爆発するように社会正義に燃えた発言をします。たとえば、大逆事件が起きたときに、一高で堂々と「謀反論」という政府批判演説をしました。『自然と人生』のなかにもたまにそういう文章があります。たとえば「国家と個人」という短文では、国民が日清戦争の勝利に酔っている光景のなかに「余が背後に立てるは立《たち》ン坊《ぼう》の一人なるべし。髪も髯《ひげ》も蓬々《ぼうぼう》と打かぶり、澁紙色《しぶがみいろ》の顔は更に青黒き色を帯びて怪しく光り、頬骨高く露《あら》はれ、恐ろしく窪みたる眼は惘々《もうもう》としたる中に餓狼《がらう》の如き凄《すさま》じき光を帯びたり、雑巾《ぞうきん》を綴《つづ》り合《あ》はしゝ様なる単衣《ひとえ》の胸《むね》も露はに、縄《なは》の帯して、跣足《はだし》なり」と餓えた日本人を見出しています。そして「愛國《あいこく》、忠君《ちうくん》、其《そ》は君が説くに任す。願《ねがは》くば陛下の赤子《せきし》をして餓へしむる勿れ」と結ぶ。ここでいっている「君」とは兄貴の徳富蘇峰を指しているとわたしは考えます、痛烈な批判の一矢です。

それでは少々長くなりますが、「断崖」を読んでみます。

断崖

（徳冨蘆花『自然と人生』明治三十三年、岩波文庫、昭和八年版）

（一）

某《ばう》の小祠《しやうし》より某《ばう》の漁村《ぎよそん》に通《かよ》ふ一條の間道《かんどう》あり。間道に一處《いつしよ》の断崖あり。約《およそ》三四十間《けん》の間、路は綫《いと》の如く絶壁《ぜつぺき》を截《き》つて通《つう》ず。上は懸崖《けんがい》、下は海《うみ》。行人一歩を誤《あや》まる時は、忽《たちま》ち数十丈の絶壁を眞逆様《まつさかさま》に海に落ちて、海底の岩に頭《かうべ》を砕《くだ》き、若《も》しくは水死婦人《すゐしふじん》の髪《はつ》の如くに滑《ぬ》めり揺《ゆら》げる海草《かいそう》に手足《てあし》をからまれ、氷《こほり》の如《ごと》き潭水《たんすゐ》に麻痺《まひ》せられて、人知らぬ死を遂《と》ぐるの外なからむ。

断崖《だんがい》、断崖《だんがい》、人生到《じんせいいた》る處斯《この》断崖多し。

（二）

某年某月某日、二個《ふたり》の人此絶壁《ぜつぺき》の道に立てり。

後《うしろ》は「吾」。前《まへ》は「彼」。彼は吾友《わが》、竹馬の友―吾敵、必死の敵。

彼は吾《われ》と、郷を同ふし、生年月を同ふし、共に一個の鞦韆《しうせん》〔ぶらんこ〕に乗り、共に同一の小學に學び、共に同一の少女を争ひ、其初《はじめ》四半生は友と云はむより寧《むし》ろ兄弟、否多くの兄弟よりも親《した》しみたり。

而《しか》して何故《なにゆゑ》に今敵―必死の敵となれる。

「彼」は成功して、「吾」は失敗せるなり。


これが明治三十三年にもうでてきている現象なのですね。同じスタート・ラインに立ちながら、世の中に成功した者と失敗した者がいる。


同じ競馬《けいば》の、足《あし》を揃《そろ》へて發足線に立つ時、其足並《あしなみ》に相違あらん耶《や》。而《しか》して一たび走するに及びては、彼《かの》馬は後《うしろ》に落ち、此《この》馬は先に進み、或ものは逸《そ》れて埒外《らちぐあい》に飛び出で、或ものは蹶《つまず》きて倒る。恙《つつが》なく先《せん》を占《し》めて優賞《ゆうしやう》を得《う》る者は稀《まれ》なり。人生《じんせい》また實《じつ》に斯《かく》の如し。

人生《じんせい》の競馬場に於《おい》て、「彼《かれ》」は成功《せいこう》し、「吾」は失敗《しつぱい》せるなり。

彼は坦々《たんたん》たる道を踏《ふ》むで今の位置に上《のぼ》れり。其家は富みたりき。其父母は彼を愛しき。彼は小學より中學を経《へ》、高等學校を経《へ》、大學を経《へ》、大學院を経《へ》、斯《か》くて博士《はかせ》となり、位階を得、官を得、或機會《きくわい》によりて夥《おびただ》しき富を得、富も往々《わうわう》にして買《か》ひ難き名誉をも贏《か》ち得たり。

こういうふうに出世していく方はまず学校制度を利用して坦々と出世していきます。

「彼」が斯《か》く成功の段に上れる間に、「吾」は失敗の階を下りぬ。家富みたりしも、或機會《きくわい》によりて其富を失ひぬ。父母はやがて逝《ゆ》きぬ。年未《いま》だ十三ならずして、吾は自ら扶助す可《べ》き身となりぬ。然も一片自《みづか》ら朽《く》ちざらんと欲するの念あり。努力し、自活して自活しつゝ、勉強《べんけう》し、斯くて或學校を卒業せむとするに臨《のぞ》みて、吾生命《いのち》を蝕《くら》ふ可き肺患〔結核〕は突然身を襲《おそ》ひたり。情《なさけ》ある洋人あり、吾を憐みて其帰國するに及び、風暖かに空氣清き其本國に連れ行きぬ。病は漸《やうや》く輕し。吾は恩人の監督の下に其大学に入る可き準備を整へたり。突然恩人は急患によりて死し、吾は異郷に零丁《れいてい》の身となれり。身を屈して使傭《ボーイ》ともなり、資を得て、修むる所あらむとせしに、病患また發し、吾はせめて故山《こざん》の土とならむとて帰り來《きた》りぬ。帰りて未だ死せず、死せざる内は活《い》く可《べ》き計をなさざるを得ず〔まだ社会保障は不備ですから自活できなければ野垂れ死にです〕。吾は一個の通辯《つうべん》となりて、或洋人に従ひ、或海水浴場に來《きた》れり。而して殆《ほと》んど二十年にして「彼《かれ》」に會《あ》ひぬ。

こういうことでして、ほとんど同じ能力があるのを前提にしているわけですが、失敗した方は運が悪いわけですね。親が早く死ぬとか、破産するとか。そうですから「たまたま」という不遇意識が非常に強いわけです。ここが日本人の不幸意識の特徴だ、とわたしは思います。

今でもそうですが、中流意識の生活をしていて、たまたま交通事故に遭うと、いっぺんに大学へ行けないで高校止まりになる。たまたま不運であるということが出世を妨げる大きな力になってくるわけです。いとこたちは、皆、大学へ行ってるが自分はいけなかった、こういう不平不満です。胸のなかには、おれだって行けたはずだ、という意識が常にあるわけです。はっきりと勝負が現れたとき、勝った彼をえらいと認め、自分は人生で負けたのではなく別の道を選択したのだと、簡単に割り切れないのです。こうして二十年の後に会ったわけで、そのときの心理がつぎの描写です。

二十年前小學の門に袂《たもと》を分ちて、二十年後相逢《あいあ》へば、彼は明治の天下に一の重要《ちやうよう》なる位置を占むる人物となり、吾は半死の一通辯《いちつうべん》のみ。二十年の歳月《さいげつ》は彼を成功の梢《こずゑ》に擡《もた》げて、吾を失敗《しつぱい》の穴《あな》に墜《おと》せり。

吾心喜《よろこ》ばん耶《や》。

成功はすべての物を金《きん》にす。敗者《はいしや》の下《さ》ぐる頭《かうべ》は蹂躙《じゆうりん》せられ、勝者《しやうしや》の微《かす》かなる一點頭《てんとう》（金一封の寄附）は美徳《びとく》と稱《しよう》せらる。「彼」は自ら故人を忘れざるを誇り、吾を呼《よ》ぶに「君」を以てし、奮《きゆう》を談じて呵々《からから》と笑ひ、新を語《かた》りて「氣の毒」と云ふ。而《しか》して得意《とくゐ》は顔にあらはれ、輕蔑《けいべつ》は其鼻《はな》にかゝりぬ。

吾心懌《よろこ》ばん耶《や》。

ここではっきり出世競争の勝者意識と敗者意識が出てくるわけです。


彼に招《まね》かれて、其避暑《ひしょ》の宿《やど》を訪《と》へば、児女家《じちょいへ》に満《み》てり。其花《はな》やかなる夫人の出でて禮《れい》するを見れば、誰《たれ》か思はむ、其昔《むかし》吾が「彼」と其愛《あい》を争《あらそ》ひたる當年《とうねん》の少女ならむとは。

吾心懌《よろこ》ばん耶《や》。

不運《ふうん》は命《めい》と雖ども、不運《ふうん》の荷《に》を負《お》ふは、容易《やうゐ》ならん耶《や》。志遂《と》げざる止《や》むなきなり。家を成《な》さず、名を成さず、孤影瓢零《こえいへうれい》として半死の身を人の世《よ》に寄《き》す、命《めい》なれば此《これ》も止むなきなり。然《しか》れど今の「吾」が前に今の「彼」を立《た》たせ、昔の「彼」を記憶《きおく》する吾に、今の「吾」を嘲《あざけ》る「彼」を見せしめ、己《おのれ》に重荷《おもに》を負《お》はせ、また其重荷《おもに》を負《お》ふを嘲《あざけ》る。怒罵《どば》は忍《しの》ぶ可し、冷笑《れいせう》は忍《しの》ぶ可からず。天吾を冷笑《れいせう》し、「彼」吾を冷笑《れいせう》す。

天《てん》を情《じょう》有りと云《い》ふ耶《や》。吾心《わがこころ》憤《いきどほ》らざらん耶《や》。


これが敗者の屈折した心理です。すなわち、こういうふうに運命が分かれたという、その事実に対して、「天、吾を冷笑する」という意識なのです。「天」は不平等ではないか。「天、情ありや」と反問される「天」は、かつて「天は人の上に人をつくらず」といわれていたその「天」です。ここで蘆花はクリスチャンですから、キリスト教を前提にした「天」とも考えられます。ここでいわゆる「神疑論」の問題を出してきます。世の中で勤勉誠実に生きていても、成功の階段からころげ落ちて、「落ちこぼれ」になってしまった。こういう現実にたいして、果たしてこの世に神がいるのであろうかという懐疑が出てきているわけです。次にまいります。

（三）

某月某日「彼」と「吾」と彼絶壁《かのぜつぺき》の道に立てり。

彼は前、吾は後《うしろ》。相距《さ》る唯《ただ》両歩。彼は嘵舌《げうぜつ》し、吾は黙然《もくねん》。彼は其肥《こ》へたる肩を掉《ふ》りて行き、吾は痩《や》せ果《は》てたる體《たい》をもて一歩一歩に喘《あへ》ぎ、咳嗽《がいそう》（咳こむ）す。吾《わが》眼は吾《われ》に因《よ》らず絶壁《ぜつぺき》の下《もと》を覗《のぞ》きぬ。懸崖《けんがい》十仭《じん》、碧潭《へきたん》百尺。一指《いつし》を動かさば、壁上《へきじやう》の「人」は潭底《たんてい》の「鬼」とならむ。

ゆさゆさ肩をふりながら歩く成功した彼のあとから、咳こみながらとぼとぼしたがう失敗者の自分、その心のなかに、殺意が生まれた場面です。

吾は頭《かしら》を掉《ふ》りぬ。然《しか》も眼《め》は潭下《たんか》に向ひてやまず。吾は終《つひ》に冷晒《あざわら》いつゝ、「彼《かれ》」が潤《ひろ》き背《せな》を見つめぬ。熟《じつ》と見《み》つめぬ。而してまた冷晒《あざわら》いぬ。

卒然《そつぜん》響《ひびき》あり、「呀《あ》」と叫ぶ聲《こゑ》吾耳に入りし時、「彼」が體《たい》は已《すで》に懸崖《けんがい》の端《たん》にかゝれり。滑《すべ》りて落《お》ち、落《お》ちむとして「彼」は一束《いつそく》の薄《すすき》を攫《つか》みぬ。手は薄《すすき》をつかみ、體は空《くう》にかゝれり。

「君!」

唯此《ただこの》一秒時《べうじ》、眞蒼《まつさを》になりたる彼が面上には、恐怖失望哀願《けうふしつぼうあいぐわん》一時に過《す》ぎぬ。

唯此一秒時《べうじ》、絶壁《ぜつぺき》に突立《つつたつ》たる吾が心中には、過去《くわこ》と未來《みらい》、復讐《ふくしう》の快《くわい》と、同情《どうじやう》、さまぐの感一時《かんいちじ》に湧《わ》き起り、相闘《あひたたか》ひぬ。

余は彼《かれ》を見下《みお》ろして突立ちたり。

「君!」哀叫《あいきう》せる彼が縋《すが》れる薄《すすき》はばりく音して根《ね》こぎにならむとす。

一瞬時《いつしゆんじ》、呀《あ》と思ふ間もなく、吾は絶壁《ぜつぺき》の道《みち》に腹這《はらば》い、病《や》み憊《つか》れたる身《み》の力《ちから》を鼓《こ》して、彼を引きあげ居たり。

吾は眞赤《まつか》になり、彼は眞蒼《まつさを》になりて、一分時の後は相對《あいむか》いて絶壁《ぜつぺき》に立ちぬ。

暫《しば》らく惘然《ぼうぜん》として立ちたる彼は、血《ち》だらけの手をのべて犇《ひし》と吾《わ》が手を握《にぎ》りつ。

其手をひき離《はな》して、吾は轟《とどろ》く胸を押《おさ》へて立ち、また顫《ふる》ふ吾手をじつと眺《なが》めぬ。

救《すく》ひ上《あ》げられしは、彼乎《かれか》。吾《われ》にあらざる乎《か》。

吾は吾手を熟々《しげしげ》と眺めぬ。

（四）

翌日《あくるひ》、吾は獨《ひと》り其絶壁《ぜつぺき》の道に立ちて、上天《じやうてん》に向ひて吾《わ》が救《すく》はれしことを感謝《かんしや》してありき。
断崖十仭《だんがいじうじん》、碧潭百尺《へきたんひやくせき》
呀《ああ》吾が昨日《きのふ》立《た》ちしは獨《ひと》り此断崖《このだんがい》に立《た》ちし乎、此《こ》れ吾一生《いつせい》の断崖《だんがい》に立《た》ちしにはあらざる乎《か》。

こういう短い文ですが、起承転結がよくまとまっていると思います。さて、この話のなかに、明治の出世競争のさまざまな問題点が出てきています。しかしこの蘆花の場合は、最終的には、キリスト教で救われるわけですね、復讐のために殺そうかと思ったのに、突然の事件によって、逆にその男を助け上げる。そのことによって、自分の方ももっと大事な価値が世の中にあることに気がつくわけです。成功失敗という世俗的な価値を超える価値、人間が命をもって生きているということの価値がいかに大事かということに気がついて、それで自分が救われるわけです。この構図自身は非常にキリスト教的でして、後のものが先になるという話にも似ていますし、貧しいものが金持ちを救うことによって、自身が救われるというテーマとなっています。蘆花の場合は、敗者であるにもかかわらず、こうしてキリスト教によって敗者ではないという救いが得られたわけです。

「勝ち抜き試合」と「負け抜き試合」

この話のなかにあるいくつかの点を次に摘出しながら問題を考えてみたいと思います。一つは、明治における出世競争の動機の問題です。これには積極的な面と消極的な面、二つの面があると思うのです。積極的な面は上への上昇希望です。しかしもう一つは、社会の下層に下降することへの恐怖です。惨めな生活に陥りたくないという、畏怖の心、これもまた、出世競争の隠れた動機になっているわけなのです。

これを反映して、日本における出世競争には二つの場面があるわけです。一つは「勝ち抜き試合」です。これは関西大学の竹内洋氏が「日本人の出世はトーナメント勝ち抜き試合である」と論じています。たとえば企業に入って、しばらくすると主任の席を争って競争します。それから次に主任のなかで係長のポストを争う。さらに、課長のポストを争い、局長のポストを争う。その場合は勝ち抜き戦なのですね。係長を争っていて勝者と敗者が出る。勝ち残った者のなかで、今度はその上のポストを争う。そしてまた部長を争う。このトーナメント試合において負け組の敗者復活戦は非常に難関です。こういう競争は、上層に昇る期待、いわゆるえらくなるという競争です。

しかし、もう一つの競争があります。それは何かというと「負け抜き試合」です。負け抜き試合というのは、日本の軍隊のずいぶん陰惨な新参者いじめの仕方の一つです。相撲をさせまして、勝った方はすぐに土俵から解放されるルールです。負けた者は土俵に残って次の新しい相手ともう一度闘わなければばならない。勝つまで土俵から出られないという試合なのです。だから、かなり体力のある男でも、三人くらい負け続けますと、もう負け込んでふらふらになりますから、ずーっと負け続けながら土俵に残ってしまう。そういうふうないじめ方なのですが、出世競争にもこれに似た場面があるわけです。たとえば、大学を出るときの就職活動の構造は、負け抜き試合です。とにかくおまんまを食べないと生きられませんから、どんな職場にでも歯止めがかかるまでは土俵を下りられません。

有能な人とか、あるいは要領のいい人とか、コネのある人とかはすぐに勝って就職戦線から解放されますが、負けた人同士が残って、再び残った就職口を争うわけです。何人かが勝って去っていくが、敗者はもっと格を落とした企業を求める。ずんずん負け抜き試合をしながら、必然的に屈辱感を貯めながら、就職先を探していく。こういう場面が人生の非連続面で起こるのです。進学先を決めるとか、就職先を決めるとかの場面で起こってくる。これは本質的に、落ちこぼれ恐怖症に由来して発生する競争です。落ちこぼれ恐怖症は企業相互においてもあります。週休二日制にすると、競争相手の企業に出し抜かれる、と恐れるわけです。

生活の定型性の喪失

次にいえますことは、こういう形で出世競争をしていますと、勝っても負けても生活様式の定型性を失っていくことです。学校制度を利用して出世していくと生活様式を都市化しながら、同時にいわゆる成金俗物文化になじんでいくわけです。さらにそれが中央志向と結びつくのが特徴です。明治の場合でしたら、出世の「上がり」は宮中園遊会ということで、最後に国家と結びつくわけです。お金もうけも国家のためにということで合理化される。これが我が国の近代化のなかで業のようにつづいてきたわけです。そしてこの過程で、腕に覚えのある職人とか、あるいは一定の名誉を伴った生活様式と倫理観に生きる名望家層とか、そういう人たちの生活が崩れていき、成金文化の生活の方が幅をきかせていきました。漱石の『吾輩は猫である』のなかにある、あの鼻もちならぬ鼻子さんのようなタイプですね。それを拒否しようとしたら結局、高等遊民になって、社会から切れて暮らさざるをえない。戦前の場合は、社会全部が国家に吸収されている天皇制社会ですから、そうならざるをえなくなるわけです。

優越感・劣等感の序列化、学校コンプレックス

その次に挙げられることは、こういう競争をすることによって、社会のなかに優越感・劣等感の序列ができることです。競争に失敗するということが、豊かな生活の資金を得る一つのチャンスを失う、利益を得るチャンスを失うというだけであればまだいいわけですが、それに止まらないのでして、競争に失敗するということは生きる意味の喪失をもたらす。さらにそこから、ヤケになってしまう、こういう不本意心理の人間をたくさん生み出したわけです。ですから希望どおりの学校に入れなかったという類の挫折体験から、非常に強い心理的衝撃を受けて自殺とか、デカダンスを引き出しかねません。結果と

して、社会の底辺には不満や疎外感、アノミーが貯蓄されてゆきます。

これは学校制度が完備するのに比例して、学校挫折グループも出てきます。有名人で例を挙げますと、佐藤忠男氏が書いていることですけども、『瞼の母』を書いた長谷川伸の場合、明治十七年生まれですが、「自分は学校行ってませんが」というときに、むしろ社交辞令としていっていた。本当はコンプレックスをもっていなかった。ところが、明治二十五年生まれの吉川英治になると、学校に行きそびれたことへのコンプレックスがあるというのです。彼の場合には、そのことが説教調の言葉と化して『宮本武蔵』のなかに語られる。それからさらに下りまして、明治四十一年生まれの菊田一夫になりますと、もっとすさまじい学歴コンプレックスでして、めんめんと学校へ行けなかったことを嘆くわけです。松本清張は明治四十二年生まれですが、これはむしろ居直り型でして、「行けなかったけれども、おれはこれだけできるぞ」といって居直ってみせます。さらに学卒者のあいだでも学歴格差によって細微な序列社会ができて、学歴コンプレックスが逆に出てくるわけなのです。しかも序列意識に結びついて、優越感、劣等感が普遍化していく傾向が出ています。

眼前の不公正に我慢

さらにもう一つの特徴としていえますのは、立身出世というのは、非常な努力をしているのですが、それは希望を未来に抱いていま刻苦勉励するという形の努力なのです。そこから出てくる病理現象は何かというと、現状がひどい差別社会であって、不平等であっても我慢をして、「今に見ていろ」、「やがて見返してやる」主義です。眼前に社会的不平等があるにもかかわらず、それを見ようとしないで、自分がやがて上に立った立場を想定して努力する。こういう不平等に目をつぶる姿勢になってくるのです。

そして我慢と努力の結果、実際に有能な人物は自己救済ができて出世していくわけです。こうして明治以降の日本では学校制度を介して有能な人材は、全国津々浦々から磁石のように中央に向かって吸い上げられていくのでした。一流大学を出て官庁に入る、こういうメカニズムになってまいります。

不当意識の発生と「修養論」

このように夢を未来に投影して一生懸命努力するわけですけど、それでも出世できなかった場合、先ほど「神疑論」の問題といいましたけど、それがやはり日本でも出てきます。有能で正直で勤勉に働いても出世の階段から落ちこぼれる人が出てくる。この不合理は何ゆえかと問う懐疑が当然出てくるわけです。このときに、不本意人生を強いられた日本人に蔓延するのは不遇意識です。「あのときに、親がしっかりしてさえいれば出世できたはずだ」というような不遇意識として現われてくるケースが多いわけです。自分の責任で敗北したと諦めるよりも、不遇だったと外因にする意識が強いと思われます。

この不遇意識に対して成功雑誌が配給した処方箋は、「修養」の勧めでした。「下には下がある」ことを想起させつつ、ヤケを起こさないで頑張ること、その結果、立ち直った人間や家族の話を美談として紹介し、ひたすら問題を家庭内、村落内にとどめながら向上心を刺激します。「俺は河原の枯れススキ」と諦めるな、もっと努力すれば必ず運が開けると、修養論でもって乗り越えよう説くのが一番多かったと思います。蘆花の話の場合は、キリスト教的な救済でしたが。

社会の責任の発見

しかし戦前でも、なぜ真面目に努力していても出世できないか、ということを考え抜いて、それは自己の責任ではない、社会の仕組みに問題があるという点にたどりついた人が、少数ですが存在しました。彼らの多くは社会主義者とか、マルクス主義者になっていくわけです。同志社の、やはり誇るべき先輩の一人である安部磯雄氏なども、ユニテリアンに近いキリスト者であり、同時に、ラーネッド博士から早くから社会主義に対する関心を起こされた者として、不幸の原因は社会悪にあるという考えにたどりついて、日本で最初の社会主義政党、社会民主党を立ち上げたのでした。

以上、戦前における出世の動機、構造、そして、そこから出てくる病理をいくつか紹介したわけですが、出世競争が戦前、高まっていたということとの経済的な背景について一言紹介しますと、やっぱり日本全体が貧乏であったということにつきると思います。戦前では昭和五年ごろ、「大学は出たけれど」の映画が作られた時代、が貧困度のピークであり、日本は中国人を犠牲にしながら、つまり満州に侵出するファシズムによってこの貧困問題を解決しようとしたというのが、戦前の日本の構図です。

そういう状況の下の出世競争ですから、生き馬の目をえぐり、他人を出し抜くようなえげつない生存競争が起こった。だれしも貧しいところから上に、とにかく下から上へという運動であり、そこにあるのは成り上がり競争です。そして上昇していくにしたがって、この成り上がり文化を身につけていったわけです。

戦後日本の場合

それで次に、話を現代に進めまして、戦後の場合はどうであるかということを少し見ていきたいと思います。私は戦後改革、マッカーサー改革などを含めての戦後改革の意義は巨大であったと思っています。大きく変わった点の一つは、あの地主制度を破壊して自作農家を生み出し、中産層を作り出したことだと思います。占領軍ははっきりそれを意識して、農地改革をし、財閥解体を実行していきます。これはファシズムに対する防止にもなりますし、共産主義の普及に対する防遏機能も果たしたわけです。

そして、倫理としてはいわゆる立身出世の否定が強調されました。当時よくいわれた言葉に、「名もなく善良な一市民として生涯を送る」というのがあります。結果として出世することはあるかもしれないが、立身出世を目的としてはいけない、そして「仰げば尊し」のなかの「身を立て名をあげ……」の箇所は歌わない、というふうな指導がなされたわけです。やがて、高度成長のなかで実質的に都市中産階級が充実し、さらに中産階級意識というのが驚くほど広がっていきました。産業構造も、昭和三十年代から四十年代にかけて、農村人口が四〇％から一三％に激減し、人口が都市に集中し、そこで九割ぐらいの人が、自分は中流だという意識をもつ時代になったのです。つまり、マルクスの窮乏化理論とまさに反対の現象、経済や社会の二重構造が消え、少なくとも意識されず、中流意識をもつ中産層が戦後増えてしまったわけです。

新しいそういう現象を説明する理論がいろいろ出てくるわけですけれども、岩波書店の『思想』が、大衆社会特集を出したのが一九五六年十一月号です。松下圭一氏などが、大衆社会論を華々しく論じたのが一九五〇年代半ばです。要するに大衆でありながら、かつミドル意識をもって行動するひとびと、消費生活から見ると、自宅でコーヒーを飲み始めました。夕刊新聞やテレビで煽情報道に染まりつつ、他方でゴルフをたしなみ、上流というか高級な生活の真似をしてるような、こういう人たちが膨れ上がって今日になっているわけです。

戦後の出世意識の特徴

さて、中流意識が九割くらいになった今日の段階において、それでは出世意識はどうなったかということを考えてみたいと思います。やはりそれは、変質しつつも存在していると思います。かつては非常に貧しいとこからの出世でしたから、大変に冒険主義的であり、投機的な出世でした。さらに攻撃的な出世主義でした。これに対して、現代の中産階級の場合、ある程度豊かな生活をしている人たちが、その生活水準を落としたくない、という願望を非常に強く抱いています。その点では、堅実志向の安定した出世要求です。

それから、攻撃的というよりも防御的な出世です。しかし、出世を求める意識自身は存続していると思うわけです。なぜ中流意識をもちながらも出世意識が続いているかというと、中産階級になったといわれながら、われわれが実は非常に歴史の浅い、底の薄い、生活不安を抱えた中産層であるということに起因しています。よくいわれるようにローン支払い中の中産階級なのです。一家の大黒柱が交通事故に遭ったら、たちまちローンを払えなくなり、家を手離してまた借家に戻る。それくらい底の浅い中産層であることをみんな知っているわけです。つまり、相変わらず生活不安におびえ、落ちこぼれになりたくないという意識を病んでいます。これが出世競争を支える大きな力になっているわけです。

それからもう一つは、やはり競争意識です。必要以上の過当競争が、あらゆる場面に浸透しているのが今の日本であるわけです。本当はそれほど競争しなくても生きられるわけですが、何か今や、日本人の価値観が錯倒しているんじゃないかとすら思えるのです。どんな意味のないことでも競争という状況を設定することによって、意味が生まれて生き生きと活動し始める、これがわれわれの毎日ではないか。競争というスパイスを振りかけると、非常につまらない、ちょっとした格差を争う価値を求めて、ひとびとが熱中するのです。たとえば、意味のないことを記憶する記憶力の競争としての学校教育とかが、あらゆる場面に起こるわけです。そこでは勝つことそのものが、何か生きがいとなっています。ちょっとこっけいなまでの競争が起こるわけです。そこで競争の勝者と敗者のなかに、やれ京大生だ、同大生だ、○○大学生だというふうなレッテル張りが起こるわけです。こういう学歴競争あり、金持ち競争ありということになるのです。

ここで育ち、職場で出世競争していると生まれてくるのは、結局、マックス・ウェーバーの言葉でいいますと「魂なき専門人」ということじゃないかと思います。いろいろな仕事をする。仕事そのものは面白くない。面白くないときに、競争というスパイスを振りかけてやることによって、がぜん、みんな張り切って働き始めるのです。それから、そのうちに仕事ということ自身が物神化されて、神様のような価値をもつのですね。「お仕事だから」ということが、逆にいってすべての価値を意味することになるのです。お仕事ならばポルノ映画に出て裸になるのも一つの経験である、というふうに仕事の内容が何かということよりも、仕事であるということ自体が価値をもってしまうことすら生まれてきているのではないかと思うわけです。

優越劣等の偏差値観を超える必要

わたし自身、ここで少し個人の意見としていってみたいことは、この過当なまでの競争には意味がない面がずいぶんあるのではないか、それを見直すべきではないかということです。そのために一番大事だと思うことは次のことです。競争においては勝者、敗者が出てくるわけで、ある仕事に対してAさんの方に能力があることは証明されるかもしれない、しかしそれは、それだけのことであって、そのことと劣等意識をもつこととは別であると認識することです。つまり能力のないことを知ることと、劣等感、コンプレックスをもつことは別なのであると、区別しないといけないと思うのです。逆にいって、能力があることを証明された人も、ただそれだけのことです。それが優越意識に結びつくという構造になっているから問題がややこしいんでして、たまたま「できる」ということで、まるで人間の価値が一〇〇%あり、他方できない方がゼロであるかのような、一方は満々たる自信家となり、他方が生きがい喪失の落ちこんだ人間になってしまうところに非常に大きな不幸が生まれます。こういう劣等感社会の価値序列を切り崩さないといけない。それにはやっぱり、学歴とか能力とかだけで人間を見る見方から、もっと自由になることに慣れないといけないと思うわけです。

この点でいいますと、個人的な経験ですが、アメリカの田舎で二年暮らしてみて、アメリカ社会の方が人間の多様性をみとめる社会である、その点においては進んでいるんじゃないかという気がして仕方がないわけです。もうすでに日本は豊かな社会であると思うわけですが、それがなぜゆとりをもって暮らせないのか、なぜ過剰なまでに競争に走るかを、考えてみてほしいのです。やっぱり成り上がり主義、成金主義の価値観以上の人生観が育ってないからそうなるのだと思うわけです。いまや国際社会のなかでも成り上がりになったわけですが。今日の中流階級は一見、スマートなエリートになったように見えるわけですけれども、行動様式を見ていると、文化的感覚を身につけてない、洗練されてない人間が多く出てきてしまうわけです。その洗練された文化的感覚というのは、出世意識以上の価値観をもつことに、自分はこういうふうな意味付けを仕事に見出していると胸を張っていえるかどうかにかかっていると思うわけです。

しばしば国際的な場面で、やぼったくもみじめな日本人の意識が現れます。たとえば、キブツという共同生活する団体がイスラエルにありますが、ここでは私有権を否定して共同生活をすることになっていまして、必要なものが無料配給されるんですね。ハガキとか酒とかタバコとか音楽会の切符とか。そしたら日本人たちは、かなりの教養ある人たちがどうするかというと、「これはもらわないと損だ」というのです。タバコなんか、毎週、毎週請求カードを出して配給されるんですね、自分のボックスに。最終的にどうなるかというと、ヘビー・スモーカーになってしまう。そういうあさましさがあるのですね。

これはやはり逆転させないといけない。そのチャンスがあると思うのです。サラリーマン家庭の原型は大正時代から出ています。このとき、よくいわれたのは、教養志向の女房と仕事の鬼の亭主、これが一緒に住んでサラリーマン家庭をつくる、というパターンです。『世界文学全集』、『日本文学全集』を読んでいる女房がいて、それに対して粗野で無教養で、金もうけしか考えない亭主の組み合わせの家庭像があったわけです。例外的に教養志向のある亭主が戦前どうだったかといいますと、これまた情けない。彼らはしばしば高等遊民になって、しょうのない文士くずれみたいな生き方をするわけです。戦後はもうちょっと幅のある時代になったと思います。問題は大正期の教養志向型の女房が、このごろは教育ママ志向に変わりました。「うちの息子は京大でございます」と自慢するのがいささかはやりすぎるので、これを歯止めしないといけない。また、仕事の鬼の亭主はもっと地域社会の方に、もっと家庭の方に帰ってくるべきであると思うわけです。このへんにある段階で歯止めが必要だと思うのです。それがねえ、現実にはなかなか難しいのです。

みんな一方では心豊かな人間になりたいと思ってるのです。戸塚ヨットスクールにわが子を入れたいとは思わない。あるいは入江塾にまで入れて鍛えてもらおうとは必ずしも思わないのです。そういいながら、他方でやっぱり進学が気になるんですね。だから、子どもに「入江塾に行けとはいわないが、『力の五〇〇〇題』ぐらいやっときなさい」と尻をたたく次第です。こういうふうな教育のどこに歯止めをかけていいのか、非常に分かりにくいのですね。

しかし、やっぱりわれわれの本質は人間なんですから、人間性を損なうような競争には一歩踏み止まる一線があるはずです。自分はその場合は、結局つきつめれば、「犠牲にする」側よりは「犠牲にされる」側に立ってもいいから、人間的な方に踏み止まろうと選ぶしかないと思います。その決断がつかないかぎり救われない。そもそもエリートという場合、犠牲にされる自覚をもっている人をエリートの主要素としています。イギリスの貴族は率先して最初に戦争に行って戦死するのです。その犠牲にされる自覚、自分をこれ以上犠牲にする側におくことは許せないという感覚をつくらないといけない。そのためには、人間性豊かなもの、これは許せないという自覚を育てないといけないと思うわけです。そして、地域文化へもっと教養を還元しないといけないと思うわけです。ともすると、高学歴であるということで、地域文化のなかで浮き上がってしまう傾向があるのですけれども、なかにはいって実質的なリーダーシップを発揮しないといけない。そして、一流のレッテルとともに押しつけられた味のコーヒーをたしなむ以外に、これを飲みたいという自分の味を自分で選んで、自分の人生を組み立てる形にしていかないといけないと思うわけです。

少しまとまりが悪くて恐縮ですが、以上で終わらせていただきます。

（一九八三年十月二十六日、水曜チャペル・アワー「講演会」記録）

参照文献

門脇厚司編『現代のエスプリ　立身出世』第一一八号、至文堂、一九七七年
加藤秀俊・前田愛『明治メディア考』中央公論社、一九八〇年
前田愛『幻景の明治』朝日新聞社、一九七八年
京極純一・佐藤忠男『学校と世間』中公新書、一九七五年
竹内洋『日本人の出世観』学文社、一九七八年
岡義武「日露戦争後における新しい世代の成長（上・下）」『思想』一九六七年二月号、三月号
丸山眞男「近代日本の知識人」一九七七年（『丸山眞男集』第十巻、岩波書店、所収）

《鳥舌戯談》

雀　どうこのごろの日本の住み心地は？

白鳥　あんた程ブームにのっていないが、根づよい固定ファンがいてくれてね。例の「みにくいアヒルの子は本当は白鳥でした」っていう劇を各地の幼稚園や小学校でよくやってくれるよ。

雀　なーるほど。その発想が大学生になると「あのうす汚れた浪人生はいまやピッカピカの大学生でした」となる訳か。こういう変身が一番痛快なんだろうね。本人にも親にも。

白鳥　しかしみにくい時でもキレイになっても白鳥は白鳥なんだから迷惑至極だよ。この国では平均以下と思われる時でも無理にも人並みに走らされるんだ、きついヨー、この時は。落ちこぼれて仲間はずれにされないように「今にみていろ」とモウ必死ダ。でもエラクなったりキレイになったりするとやたらとチヤホヤされる、これもおかしいね。その点あんたは「大きくなあーてもー、雀はすーずめ」と居直ったんだから気楽でいいね。

雀　よせよ。「わらべ」が歌うこの陽気な歌の裏の軽薄なまずしさを察してほしい。何しろペンギンとタカとスズメを偏差値秩序に系列化したうえで、つまり世間的な価値基準を前提として認めておいて、「雀は雀」と諦めるんだから恐れいる。ここには「今つきあってあげてる彼は所詮パン屋の息子、私は医学部教授の娘」なんていう類の意識が見えなくもない。

白鳥　親の職業か。ある種の人々のややこしくも空しいプライドの秘めたるルーツか。自分が自分の主人になれない人は、自我を親や夫の肩書きや学歴で埋めるのかナア。

雀 しかし。うっとりする程明るい調子で歌っているのを見ると、「雀ならば人並みで安心だ」という感覚もありそうだ。いずれにせよ風見鶏〔中曽根元総理のこと〕がタカになったり、ハトに化けたりするのよりはましだ。変身を諦めて雀に居直り、個性的な雀としてわが道をゆくことにするよ。

白鳥 しかしそう理屈をこねまわしていると「おまえはネクラの雀だ」と仲間はずれにされるよ。

雀 それぞれ。今やご連中には「明るい」か「暗い」か位しか、判別基準がないんじゃないか。

白鳥 さみしいね。人を見る眼が育ってないね。

雀 世界の広さを早く知ってほしいね。鳥に生れてよかったねェ。

（『チャペル・アワー月報』第一五号、一九八三年六月七日）

III

もの言えぬ風景・書評

多事争論のすすめ

福沢諭吉と明治政府との関係が大きく変わったのは明治十四年の政変においてであったが、この政変を論じたジョージ・アキタは、このとき大隈重信が殺されなかったのは意外である、と興味ぶかいコメントを残している（『明治立憲制と伊藤博文』東京大学出版会、一九七一年）。たしかに明治以来、武装蜂起したとき以外は、政変があっても政敵を殺さない政治がつづいていた。どう解釈すべきだろうか。一見それは和の文化、寛容の行動にも見える。

ところで福沢諭吉が英国式国会導入にこだわったのは、それが流血を伴わず言論戦で政権交代も行うシステム、いわば「喧嘩の制度化」であったからである。また福沢が官民調和論を必死で唱えたのも日本国の国論が二つに分離することの危険を察知したからである。かくて明治政府も福沢諭吉も「和の政治」を構想したことで一致しているかに見える。

しかしこの明治政府の日本的寛容の裏には、真綿で首を絞めるような日本的不寛容が横たわっていた、と私は思う。殺さない代わりに、ものを言えない空気が支配することになったからである。ここに福沢と明治政府との一毛千里の差があった。明治十四年の政変を機に、言論界の空気が一変したことを福沢諭吉は次のようにいう、「明治十四、五年を界にして、前後の新聞紙を把りて其紙面に注意するときは、前年の紙面にも随分危激の文字あれども、尚ほ未だ極端に至らずして耳に逆ふもの少なき其反対に、後年の諸新聞紙上には乱臣賊子夷狄禽獣等の文字甚だ多くして、所謂病なきに呻吟するの句調盛なるを発見す可し」（明治二十五年十一月三十日『全集13』）。言論封じの社会、緘黙社会が生まれたのである。

慶応義塾の校章はペンである。剣やお上の通達によってではなく、言論をもって人心を動かそうとしたのが福沢諭吉であった。『福翁自伝』は「さて身に叶ふ仕事は三寸の舌、一本の筆より外に何もないから、……筆を弄び、種々様々の事を書き散らし」「大いに西洋文明の空気を吹込み、全国の人心を根底から転覆して、絶遠の東洋に一新文明国を開き」と自己の信条を語る。言論の力に賭け、そして成功した。

ペンの力で人心を動かすことに成功した秘密の一つは分かりやすい斬新な文体にあった。『国民新聞』の福沢追悼文は、彼の文体を「奇警にして平易なる文字を……」とその特徴を言い当てている。福沢は誤解を恐れずに、かなりきわどい発言を言い放ち、人心を揺さぶっていたように思う。それは状況的発言のゆえに前言と食い違うことも、また誤解を招くこともあったが、全読者に弁明するというよりも、分かる人には分かろう、分からぬ人には分からぬだろうと居直ったニヒルさを漂わせていた。ときには第三者の名前で登場して、いわば一人二役で、説得を試みた。かくて大胆に伝統常識の破壊に成功した。明治七年は繚乱たる言論活動のピーク、百花斉放の年であった。『明六雑誌』の発刊、「民撰議院設立の建白」、そして福沢自身も「学者職分論」（『学問のすゝめ』四編）で在官洋学者に挑戦し、赤穂義士の評論（同書、六編）で物議をかもし、さらに楠公権助論（同書、七編）で命をねらわれた年であった。

ここで明治政府の言論弾圧が始まった。明治八年六月の讒謗律、新聞紙条例改正である。『明六雑誌』は福沢の主導で廃刊を決したが、注目すべきはその際の福沢の主張である。「官吏の意に任じ」て言論取締りの「寛厳」が左右されること嫌う。「これをたとえば寒暖計なくして空気の寒暖を論ずるが如し。……罪を蒙《こうむ》ると否とは全く他人に意に任ずることとなれば、正に人をして我思想を支配せしむるものと云わざるを得ず」と。さらに文部省は明治十三年八月、不適当な教科書使用禁止の方針を定めて、福沢の著作に対して追い打ちをかけた。そして明治十四年の政変を迎えたのであった。福沢の『時事大勢論』は、十四年の政変後に出現した「官民猜疑」の拡がりと言論に対する不寛容を批判している。人民は「言はんと欲して或は法に触れんことを恐るるが故に、其言常に婉曲にして然かも十分の怨を含むが如く」で、猜疑社会を生み出していると。

私は明治維新を他の近代革命、たとえばバスチーユ襲撃に始まるフランス革命、に比べて流血の少ない静かな革命であったと考えている（拙著『維新と人心』東京大学出版会、一九九九年）。それゆえ反動もまた静かに進行したのではないか。しかしその静けさは言論封じという不寛容、緘黙社会によって支えられたものであった。

ものを言わせない会議、胸中に一物《いちもつ》もちながら発言を控えて和を維持する組織は今日の日本にも多い。多事争論のすすめ、すなわち「人類多しと雖も鬼にも非ず蛇にも非ず、殊更に我を害せんとする悪敵はなきものなり。恐れ憚る所なく、心事を丸出しにして颯々と応接す可し」（『学問のすゝめ』十七編）と語られた福沢諭吉の言葉は、二十一世紀に生きようとする日本人に、今なお切実な自覚を迫るものがある。

（『三田評論』第一〇三一号、二〇〇一年一月一日）

最近の天皇制論議について

法学部で日本政治史を担当しています。ここには天皇制研究のプロやセミプロの方もいらっしゃいますが、私は一アマチュアとして発言し、問題を考えてみたいと思うのです。先程、小崎眞先生が、自分の学生時代の話をされて、学校では「日の丸・君が代」が当然で、家に帰ると違うという話、これに似た話を、私も中学時代に、社会科の教師から聞いたことがあります。その先生のお宅はキリスト教だったので、戦前でもクリスマスをする非常に稀な家庭だったそうです。それで今度のクリスマスのプレゼントに何がほしいと聞かれたとき、その先生は必死で、神棚を買ってほしいとお願いしたそうです。クラスのなかで神棚がない者は、その先生の家だけだった。みじめな恥ずかしい思いをしていた。それで是非神棚を買ってほしい、と。非常に複雑な顔を父親がしていた。その答はどうなったかはおっしゃらなかったのですけど。多かれ少かれ、こういう問題は戦前、ある意味で戦後も、起こってるわけでありまして、天皇制の問題は、市民生活のなかで心おだやかでならぬ現象を、いろんな場面で生み出している可能性は高いと思うのです。

天皇制に対して、また天皇に対して賛成の方もいるだろうし、敬愛する人もいるだろうし、非常に批判的な方もいるだろう。実態論には入りません。極めて形式論に徹することにしますが、ただ一つ言いたいことは、天皇に対する問題を議論したり、違った意見を述べあう空間を狭めてはいけない。現在、それが非常に狭くなりつつある可能性が高い。内容の如何《いかん》を問わず、ものが言いやすい雰囲気を作らないといけない、その一点だけで本日は参加したようなものであります。

近代日本の場合、論争という問題提起はしょっちゅう起こってくるのですが、私に言わせますと、例外は多少ありますけど、日本の論争史のほとんどは論争史ではなくて非論争史であった。論争と言いながら、片方がものが言えなくなって、沈黙してしまう。日本論争史は日本沈黙史、日本緘黙史であったのではないか。明治のはじめ、内村鑑三が教育勅語に丁寧なお辞儀をしなかったことが問題視され、やがて教育とキリスト教の衝突と言われたわけですが、これも結局は、キリスト教側が自主規制したのか、何となく沈黙してしまう。それが起こる背景には政治権力がからんでいる場合もあれば、社会権力がからんでいる場合もある。

今度の本島等《もとじまひとし》長崎市長の、「前の戦争については昭和天皇にも戦争責任がある」と述べた発言にたいする反応の仕方でも、市長も国民もものが言いにくくなっている。それに関する本が出ますと、別方の面からの指摘で、差別発言を載せてるからいけないという批判が起こって出版も問題視されてくる。どうものが言いにくくなる、これがなぜ起こるか。少なくとも大学とか教育の場で起きてほしくないということなのです。

戦前と現在と決定的に違うのは国家権力のあり方だと思います。戦前の場合、法的に取り締まれたわけです。昔の特高は思想内容に関連して逮捕できますし、取り締まることができるわけですね。思想を語れば、常に注意人物になって、権力に「正当」に弾圧される可能性があったわけです。

この特高（特別高等警察）は、大逆事件の後、明治四十四年に特高課として設けられたのです。そして高等警察をつくって、次第に各府県に増やして機構確立していく。それの元締が警保局長です。内務省の花形は三つあって、内務次官と警視総監と警保局長となっております。しかしつくってみたものの、実は仕事がない。大逆事件で社会主義者が一斉に逮捕されますから、冬の時代でやることがない。それが復活しますのが、昭和三年（一九二八）の三・一五事件でありまして、この頃から、非常に充実した活動をしております。その背景には大正十一年にできた治安維持法があったからなのですけれども。同じ昭和三年に昭和天皇の即位の礼が京都で行われましたが、それを契機にたくさんの警官をフル動員して組織を系列化した。特高が全国的機構になったと言われます。次第に内務省官吏のホープが特高のポストに着くということになってきます。

そういう過程で起こってきた一つの問題は、特高の方針が、警察行政の一般のモデルになったことです。元来、市民の日常生活を保護するというのが警察の本来の役目だったわけですが、それが国家の法益を守ることに変わりました。国家を破壊しようとする者は右であれ左であれ、それを取り締まる。その活動枠を広げはじめる動きが起こってきて、スパイの活用がうまいわけでありますし、誘導がありますし、社会全般が脅えながらしかものが言えなくなっていたわけであります。

同志社関連でいいますと、学連事件が起こりまして、京大と同志社の学生三十三名が捕まりました。最初、出版法違反で捕まるのです。しかしどうしても立件できない。それで不起訴処分にして釈放しようとしたのですが、その段階で司法省から育ってきました優秀な思想犯刑事が代わって登場し、事件を治安維持法違反に変える。いろんな形で結びつけまして、起訴したわけです。治安維持法に切り換えることによって、司法としては職務が増える、たくさんの処分や起訴を行う仕事ができる。実際のところ、機構ができたために犯罪をデッチあげた、発生させたという面が戦前の場合あります。学連事件の場合も、治安維持法がなく、司法省のなかに思想犯専門家が育ってなければ犯罪にならなかったのです。職場にいて暇でありますから事件を作るというケースです。

それに比べますと、戦後ははるかに解放されております。戦後、こわいのは右翼とマスコミであろうと思います。このへんの民間権力を恐れて、ものが言いにくくなる。一つの例は明治学院大学の「学問の自由と天皇制」の議論のなかで出てますし、『長崎市長への手紙』も参考になるかと思います。日本人のコミュニケーションの仕方の病理がかかわっていると思うのですね。

一つ顕著な事件が広島市で起きました。広島市の水道局が、一円で入札したコンピュータ設計業者を選定した。その後で、マスコミで叩かれて撤回しようということが起こる。富士通の社長がわざわざ広島市に行って局長に会ったときの話が出ている。そこのコミュニケーションがどういう形になっているかというと、富士通側が「辞退要請を行いに行った」。水道局の方は「辞退要請とは受け取っていない」。そうするとまた富士通が「一枚の文書を渡した」。水道局は「これは受け取ったものではない。落ちていたものである」というわけです。受け取らないけれども、落ちていたから読んだという形です。つまり、不都合な内容のときはコミュニケーション自体を拒否するわけです。

似たようなことが同志社でも学友会と大学当局との間でやられている。学生が抗議文を出す。それに対して回答を学生部長は渡す。回答の受け取りを拒否する。そのかわりその「写し」を持ち帰る。

ここで問題になっているのは、話ができる、できないというのが内容に密接に関係しているわけです。自分が承認する内容であれば話もするし、文書も受け取る。俺の気にくわない内容であれば、受け取ってはならない。水道局の組織としては受理して批判の対象になると困るから、落ちてたものと見る。こういうことなのであります。基本的なところでは異質な意見が出てきたら拒否してしまうというのが、日本のコミュニケーションの困ったところの原因であります。

もっとさかのぼれば、蒙古から日本に国際交流をしてほしいという使者が来た時に、時の将軍がけしからんことを言っていると、蒙古からの使者の首を刎ねたという事件がある。内容がけしからんといって、国際使節の首を刎ねる。これもコミュニケーションの形式を尊重するという姿勢がなくて、内容がおかしいから認めない。これが大変強く出てきていると思うのです。

同様な病理は本島等長崎市長の、前の戦争については昭和天皇にも戦争責任がある、と述べた発言にたいする反応の仕方にも出ていると思います。大半は真面目な庶民の手紙で、七三〇〇通の手紙が来て、三四〇通をこの『長崎市長への手紙』に載せたというのですが、非常にこわい文言とか、カミソリが挟んであるとかがあるのです。彼らがなぜそうしたかというと、とにかくけしからんことを言ったということで頭が一杯になっているんだろうと思うのです。

ここにありますのは、言葉はある真実を伝える一つの道具であるという命題を最初から信じていない。言葉そのものが真理であるという認識なのかもしれない。また言語を通じてものを言い合うという前に焦りがあるわけです。どうせ言っても聞いてもらえないだろうという諦めがある。焦りがあるから自分だけ一方的に言っておいて、反省しなさいと相手に迫る。ついでにカミソリを添える。

手紙のなかで、ものすごく多い言葉は「失礼ですが」という言葉です。知らない人に手紙を書くのは失礼なのですね。失礼だけれども、どうしても感情が高まってきて言わざるをえない。弟が戦死して言わざるをえない。そして、自分の言い分は、絶対的的真実だから認めてほしい、認めるべきだという姿勢です。コミュニケーションは失礼を越えて成り立つという文化になっているのかとも見えます。こういうことがおそらく背後にあるだろうと思うのであります。

もう一つ心配なのは、天皇制の問題を、情緒と感情で議論する傾向が強まっている事実だと思います。だから理性の対象として議論しないで、感情のところで議論する。その感情が高じたところに信仰的な敬愛がある。それは汚されては困るという発想から出ている。

もう一つは、同じ日本人という言葉なのです。自分たちは同じ日本人である。同じ日本人なら、自分と同じに考えるはずだ。同じ日本人なのに自分と同じように考えないのはけしからんという議論で糾弾をするということになっているんではないかと思うわけであります。日本人といっても、人さまざまなのです。

（同志社教職員組合連合『連合ニュース』一九九〇年一月二十九日）

韓国への三度の旅

解放後の韓国

おとなりの国、韓国の戦後の軌跡は日本とずいぶん違う。たしかに一九四五・八・一五は日本からの解放記念日であるが、半島はすぐに冷戦の論理で貫かれた。その後の三年間、北緯三八度線を境に、南北別々の占領があった。また同じアメリカによる占領でも敗戦国日本のそれが周到に準備された成功した占領といわれるの比して、韓国の占領は対ソ戦略ための犠牲、失敗した占領であった。独立したのは南も北も一九四八年のことである。

大韓民国は以来、大統領制を敷き李承晩時代をむかえる。それは自由主義陣営を選びながらも強権政治であり、海に李承晩ラインを敷いたように、日本に厳しいものであった。五〇〜五三年には朝鮮戦争により悲惨な戦場体験をなめねばならなかった。この政権を倒したのは、六〇年四月九日の下からの学生革命であった。しかし、なお民主化は実現しない。今度は日本の陸軍士官学校出身の軍人、朴正熙による軍事クーデター（六一年五月十六日）が続いた。以来、七九年十月二十六日の暗殺の日まで、軍とK

ＣＩＡの恐怖のもと朴大統領の「開発独裁」政権が一八年間の長きにわたり国を支配したのであった。

青春の旅

さて今から四〇年前、この韓国への最初の私の旅は、青春の旅であった。まだ民政移管以前の国家再建最高会議議長朴正熙時代の一九六三年七月二十九日から三十九日間、ワークキャンプ参加という偶然の機会をえて韓国を訪れることができた。当時私はＩＣＵの三年生だった。まだ日韓の国交はなく、ＳＣＩというフランス系のＮＰＯ団体およびクエーカー派のフレンズという組織を通じて、十二人の日本人大学生が訪韓できた。その中には同志社大学の浅野みとしさんもいた。ＳＣＩ（サービス・シビル・インターナショナル）という組織は、第一次大戦ですさんだ人心を国籍を越えた共同奉仕作業で回復しようと始められた運動で、日本支部の故佐藤博厚さんはインドのサルボダヤ運動の紹介など意欲的に活動を広げておられた。私は海外旅行したさに、にわか入会しての参加であった。

当時の韓国はほんとうに遠い国であった。日本人への渡航審査は厳しく、ビザが発給されたのは連絡船（四日毎に一隻のみ）が博多を出る二日前のことだった。はっきり思い出せないが、新幹線のない時代の博多行きは夜行列車での座り寝の長い旅であった。午後四時博多出航、翌日十二時釜山着。船は、山のように日本製品をかかえて里帰りする在日の人々であふれており、目立った土産品は釜山税関で無惨にも接収されていた。

ワークキャンプは、さらに船を乗り継いで、全羅南道の小鹿島というハンセン病施設の島で行われた。それは遠浅の海を干拓して、ハンセン病が全快したのに社会復帰できない人の自活のための農地をつくる仕事であった。初めて目にした韓国の光景は驚くほど貧しく、とくに農村部の貧しさが目立っていた。主食不足が深刻だった。キャンプには、韓国の主要大学から百人ほどの学生が参加しており、日韓その他の同世代の男女青年百四十人が一カ月寝食をともにし、共に働き共によく歌いよく遊ぶキャンプは屈託ない交流をはぐくんでいった。さしずめ青春そのものであった。

キャンプ終了後には軍用トラックに乗っての慶州観光があり、さらにソウルでは仲良くなったキャンパー宅にホームステイしながら、手厚いもてなしの観光がつづいた。ソウルの街にはまだ漢字の看板が掲げられ、終戦直後から二十年後までの日本が集約されたような光景をなしていた。中卒くらいの少女の車掌さんが満員バスを仕切る姿がけなげだった。当時、ほとんどの韓国人にとって私たちは戦後はじめて出会う日本人であった。日本人と分かると何人もの見知らぬ人から日本に居る親族の行方調査を頼まれた。キャンプの終わりごろ、戦前を知っている年長のキャンプリーダーが、私たちをみていて「日本人はほんとうに変わったね」と感想をもらしたのが嬉しかった。

今から考えると朴正熙政権はクーデター直後から、反日政策の是正を考えていたのではないか。この国際ワークキャンプも国土開発軍事委員会という組織が強力にバックアップして運営されていた。韓国ワークキャンプ協議会がＳＣＩ日本支部と国際ワークキャンプを組織する企画は六一年に始まっていた。

朴政権と日本政府との経済援助癒着は有名であるが、他方ではこのような民間交流の布石もなされていたのである。これも民間交流の一環と思われるが、九月に帰国して秋学期が始まってみると、ICUには戦後初の韓国からの留学生が来た。その三人のうちの一人が朴忠錫さん（現梨花大学名誉教授）である。翌年には金栄作さん（現国民大学教授）が来た。二千人の希望者から選考されたという。六五年には崔相龍さん（現高麗大学教授）が来日した。やがて私は東大大学院に進学したが、この三人も前後して東大大学院に進学し同じ政治学を専攻していたので、親しい友人となったのであった。日韓国交回復は六五年であった。

緊張の旅

二回目の訪韓は、一九七五年一月二十七日からの二泊三日、慌ただしい緊張の旅であった。私は同志社大学法学部の助手になったばかりであった。朴正熙政権は独裁と非難されながらも、穀物が底をつく春窮期にも餓死者を出さない経済開発政策とKCIA（秘密警察）の力で政権を維持していた。しかし次第に露骨な権力乱用が目立っていた。七二年の「十月維新」では国会を解散し永久執権を宣布した。七三年八月には野党の金大中大統領候補を東京のホテルから拉致して世界を驚かせた。あの六三年のワークキャンプ参加者の一人早川嘉春さんが留学先のソウルで逮捕される事件が起こったのもこのころであった。当然国の内外で朴政権批判、民主化運動も行われていた。

そのころ留学二期生だった金栄作さんはそのまま日本で就職しICU助教授になっていた。しかしある時ICU学術交流団の一員として訪韓した際、日本留学中の行動を理由に逮捕されてしまったのであった。その時の引率団長は、金栄作助教授を置いたまま脅えるようにそそくさと帰国したという。やがて政治犯として起訴された。大学院仲間やその先生たちの間でそっと救援活動が始まっていた。一回目公判を傍聴した大嶽秀夫君のあと、二回目は別人がいいということでノンポリ人間の私の訪韓となったのであった。

今度の旅は空路で金浦空港に着いた。ソウルの街は高いビルが並びすっかり様変わりしていた。あえてホテルを決めないで来たのだが、なぜかすぐに尾行がついていた。翌日の法廷では、私の姿をみとめて金栄作さんは驚きの声をあげ、「どこに就職したの。ICU?」「いや、同志社」「いい大学でよかったね。僕は元気だから……もう二度と日本の方に会えないと思うのでよろしく……」等、看守のすきをついて単語を交わした。裁判を目撃すると東京で流されていた噂と違い敬意をうけている政治犯であることも分かった。

その日の夕方、恐る恐るもう一人の留学生だった崔相龍さんに電話をいれてみた。すると意外にもすぐ会おうという(出発前どこからか、崔さんは日本人に会いたがらないという虚偽の噂が流されていた)。そして抱擁せんばかりの歓迎でお宅に泊まることになった。崔相龍さんもまた『世界』の編集長の名刺をもっていたことで、一時逮捕され、監視中の身であった。きつい拷問をうけていた。そのころの彼は失職し、いよいよ自宅を手放そうとして、その日も下見の人が来ていた。「今はオプティミスティク・ニヒリズムに居直っている」といいながら、口を開けば昔のままの快活な崔さんであった。拷問の話、生活のこと、韓国の現状はまだ「自由」よりも「経済的平等」を求めていること、韓国を救うのは金大中であること等々、節約のため一部屋だけオンドルをいれている家で、一夜熱く語り明かし、翌朝は金栄作さんのご家族の手厚い送迎をうけ、無事帰国したのであった。

感慨無量の旅

そして三回目の訪韓は、昨年、二〇〇二年五月十七日から三泊四日の嬉しい旅であった。韓国政治思想学会主催の「西洋近代思想受容における韓・日比較」の日本側の報告者の一人としての訪韓であった。四半世紀ぶりの訪韓は、東洋一、二というハブ空港・仁川空港の快適さにまず圧倒された。サッカーワールドカップの直前でもあり、高層ビルの立ち並ぶソウルの光景はさらに一変していた。諸大学の学園祭の時期でもあり、街は明るく、豊かでなごやかであった。この間に韓国の政治は劇的に変わっていた。民主化は本物となり、韓国の歴史はあきらかに進歩していた。社会も変わった。またまた下にも置かぬ歓待で李退渓の隠居していた書院を案内していただいたが、その田舎の宿のトイレもピカピカの洋式になっていた。

三度目の韓国では二つ点で印象的であった。第一に、二十七年前に訪韓した時に逮捕されたり、睨らまれていた大学院時代の友人たちが、今や学界の長老格の中心として活躍していたことである。シンポジュウム開催の祝辞を述べたのがあの崔相龍さんだった。彼はその春までの二年間の駐日韓国大使の任務を終えて高麗大学に戻ったところであった。「個人主義」部門の司会は戦後最初の来日留学生だった朴忠錫さん、「自由主義」部門の司会があの獄中にいた金栄作さんであった。前回の訪韓を想起すると、「いい時代になった」と感慨を禁じえなかった。

第二に印象的だったのは「個人主義」「自由主義」「民権主義」「社会主義」「進化論」をテーマにした討論が自由にできる国になったこと、そしてこの国では政治思想が生きていることである。日本側の飯田泰三、和田守、寺尾方孝、山泉進、五十嵐暁郎それに私に比べ、韓国側の報告者は一世代若返っており、政治思想が社会を動かすという自信をもって学問をしている若々しさが漂っていた。恐らく昭和二十年代の日本の学会もこうであったのではなかろうか。報告の中には一八八一〜八三年に中村敬宇の学校・同人社に留学していた「尹致昊の進化論」、おなじく慶応義塾への留学生に関する「兪吉濬の自由主義」、あるいは「韓国における福本イズム」という内容のものもあり、戦前から強い知的交流があったことを知るとともに、自分の隣国に対する無知を悟ったのであった。

ふりかえるとこの間、劇的に韓国の政治が民主化路線に舵を切ったのは、盧泰愚大統領時代（八八〜九三年）であった。そしてついに一九九三年、金泳三政権が成立し民主主義という政治体制が定着した。一九九八年からは、一時はＫＣＩＡの手で日本海海底に葬られようとした金大中氏が大統領となっていた。この大統領は外国為替金融危機という難題を賢明に克服して政治家としての手腕をみせている。この間、韓国では民族主義が民主化運動と結び付いて進行した。そして着実に下から政治体制を民主化した。

戦後五〇年の韓国の歴史は激しい、そしてじつに力強い。これに比べ日本は戦後「天降る民主主義」を手にしたけれども、日本の民族主義の情熱は右翼と結び付き戦後民主主義を批判する勢力として存在している。民主化が進む韓国と右傾化が懸念される日本、日韓の政治体制の微妙な交錯が生まれようとしているのを心配する。

(『同志社時報』第一一五号、二〇〇三年三月十三日)

《気になる人》

文明子さんお元気でしょうか。もうすっかり日本人の記憶の中から消えてしまった今日このごろですが、文明子さんの消息が気にかかります。かつて韓国の朴正煕政権が強権の度を強め、人権無視、広汎なKCIA（韓国中央情報部）の不法活動、金銭的腐敗等がひどくなった時、それを告発する一女性の投書がしばしば日本の新聞を飾りました。それが文明子さんです。

なにしろKCIAの活動は世界各地におよび、日本からは白昼堂々、大統領候補の金大中氏が一流ホテルから国外に拉致される事件もおこった時代です。筆力するどくタイミングをとらえて〝正義〟を語り、朴政権を批判する文明子さんの勇気は並大抵ではありません。ジャーナリストの鑑として尊敬しておりました。それがいつからかプッツリと消えてしまい、もう十数年たちます。この間韓国政情も二度も大きく変りましたが、ジャーナリスト文明子の記事はまったく見かけません。

『主婦の友』昭和五十三年十二月号の連載記事「磯村尚徳の世界のトップレディー・インタビュー」の十二回目に〝コリアゲートを告発しつづける韓国人記者文明子女史に聞く〟が掲っています。それによると韓国生れの文明子さんは、李承晩時代に日本に留学、明治大学卒業後は韓国紙のジャーナリストとなり活躍していたが、一九七三年、身の危険を感じて勤務地のアメリカで亡命宣言を出しています。そしてホワイトハウスのシニア・コレスポンデント（取材に種々の特権をあたえられるベテラン記者）として国務省を担当、外交問題で健筆をふるいながら、朴政権を告発し続けている、と紹介されています。
　政治権力と対決しながら仕事をすることは恐ろしいことです。朴政権批判側に転じた元ＫＣＩＡ部長はパリで誘拐殺害されました。天安門事件、カチンの森事件では、政治権力は事実をゆがめたり捏造して国民に信じこませました。また日本軍の慰安婦徴用問題では、つい先日まで、数十万人が徴用された事実すら無かったこととして、政治権力は隠すことに成功していました。まして一個人の人権は政治権力の前に実に不安定なものです。文明子さんお元気でしょうか。どこかでゆったりと余生を送っておられるのならよいのですが。

（「チャペル・アワー月報」第一〇四号、一九九二年五月八日）

坂井雄吉著『井上毅と明治国家』

一

井上毅研究といえば、明治十四年の政変の舞台裏における活躍ぶりをいち早く紹介した大久保利謙の名論文「明治一四年の政変」（明治史料研究連絡会編『明治政権の確立過程』所収、一九五七年）が聳《そび》えたち、ほかに教育政策関連の論稿がみられるという時代がつづいていたが、近年国学院大学によって『井上毅伝　史料編』等の井上毅文書が刊行されるようになって研究活動が活性化しているようである。そんななかにあって坂井雄吉著『井上毅と明治国家』は新たな高峰としてわれわれの前にたち現われた。両義性、否、多義性に満ち、諸分野に足跡を残した井上毅の青年期から晩年までの言行を対象として、「ともかくもある一貫した井上の人物像を見出そうとした」（三〇六頁）本書は、新角度からの井上毅像を、周到に描きあげることに成功し、井上研究の幅と深さを飛躍的に高めたからである。論点は儒教修業、文化接触、法の継受、法律観・憲法制定作業、初期議会対策、天皇観、教育政策、そして一貫して伝統社会が近代国家に呑み尽される変動期における習俗旧慣の保存と価値観の維持の問題に及び、それらを政治史的、法史的、政治学的、人物論的視角から解明したのである。重厚でかつ面白いというのが第一印象であった。まずは本書の四論文の内容を紹介してみよう。

二

第一論文「幕末・青年期の井上毅」は、幕末の変動期にもかかわらず井上の場合、「彼が彼なりの思考、つまり自己の思想的 identity をあくまで峻厳に守り抜こうとした、その程度の点に」(五七頁)心惹かれた著者が、この謎を「内在的に追求」しようとした論稿である。考察に用いたのは、実学党横井小楠の挑発的質問に応答反撃するなかで築かれた井上の原点を示す文章『沼山問答』『交易論』、および「若き日の勉学を証するものとして蓄積された三千頁に及ぶノート類」(五頁)であった。

井上は論理整合性を好み、「理」の完結性を信じるリゴリステックな学究の徒でありながらも「現実感覚の命ずるところ、遂にはそれのみにも安住することを得ない」活儒でもあった。幕末の政治的危機を認識したときの井上は「理」と「勢」の二原理を「内面における極度の緊張また葛藤」としてもったという(四八頁)。その際著者は、井上が「主観において朱子学の徒」(一六頁)であった事実を発掘し、特に強調する。生涯のほぼ半分に相当する二十五歳前後までを江戸社会に生きたのであり、慶応三年藩命によってフランス学に転ずるギリギリの段階まで毅が朱子学に傾倒していたのは歴然としているという（八頁）。この頃の井上は鎖国を是とし、農業経済型の名分論的秩序に愛着を示したが、これとても幕藩体制維持のためではなく、「基本的には『社会』の identity」が関心の対象であったからであるとする。井上の価値観では儒教的「治」の理想が実現した政治、つまり共同体社会の秩序が維持される「安民」政治が理想とされた。また西力東漸の現実にたいしては「漸進主義」の道を選ぶのであり、各国それぞれに独立の風俗を認め、その国体の固有性を保持すべきことを声高く唱う。「道並行はるるの理」という原則を主張し、これを「価値判断の究極の要」（四五頁）に置いたとみている。また井上は、政治を「権力的、制度的要素」と「徳治的要素との併用」とみなしたが、著者によればこの両面をも「包摂」するものとして「朱子学」があったという（一三―一四頁）。個人的信条の深部で「聖人学んで至るべし」を支柱にしていたとする（一六頁）。つまり朱子学が社会の integrity と自己の identity の基礎になっていたと論じたのである。

第二論文「井上毅における法の認識」は、フランス留学期（明治五―六年）と帰国後の法制官僚時代（司法省、正院法制局等）を対象として、「終始、井上の法認識における先入見」について論及を試みた論稿である。

法体系の安定性と客観性の確立にひと一倍熱心で恣意性を法秩序から排除せんと努めた井上であった

が、かれは法律万能主義者や法実証主義者ではなかった、むしろ「ローマ法に学べよ。而して汝の法に従って生活せよ」の原理に忠実だったことに特色があり、欧州滞在中の法律研究でも「選択的」「主体的」な関わり方が顕著だったという。井上にあっては「究極の価値が、『治』の安定性にあった」(一二九頁)のであり儒教的「安民安天下」秩序が志向されていたから、法も所詮そのための一手段に過ぎなかったのである。井上の頭にあるのは「前近代の特殊江戸期的な身分制社会」(一一八頁)モデルであり、治者に第一義的に必要なことは「人民の生活の『自然』」を保守し(一三三頁)、Sitteとしての「民心自ら安んずるの旧貫」(七五頁)を維持することであった。これが発想の大前提であったという。

この先入見の結果、井上の用語法における「私法」とは不文の法のこと(一一六頁)、つまり「何ら国家による制定法の意味での、法律ではなくて、いわばSitte そのものであり」(九三頁)、「国法」とは、今日の私法と公法とを未分化に包摂したままの、「要するに国家による制定法一般を指すもの」であったと大胆に規定された(九三頁)。しかも井上毅にあっては後者よりも前者が重要である、「国法」とは「秩序維持の規範としての既成のSitte すなわち『私法』のみを以てしては足りない場合に、……これを人為的に補完するもの」(一二五頁)にすぎないとされたのである。これは法よりも習俗を優位させる井上の秩序観として興味深い。

著者はまた天皇観に関連して、政治的危機状況を転回させる非常手段としての「聖意」の役割を井上がくり返し強調していたことを挙げる。井上の社会秩序観のなかでの天皇とは、「社会」の「徳の体現者」であり（一二四頁）、「治」の安定のためには「超法律的価値として動員」される存在とされていたとする（一二二頁）。この他、地方自治については民情に則し簡易を旨とするプロシアの制度に好意的であったが、それの採用はあくまでも「非政治的」単位たる町村以下にとどめ、郡県以上の単位には権力の一元化」という必要にしたがってフランス型全国一律の行政を採択せよと論じたことを紹介している（一一五頁以下）。

第三論文「井上毅と明治憲法の起草」は、「政治史の視角」を加味しながら、明治憲法制定作業が「薄氷を渡るにも似た際どい政治的事業」であったことを追跡している。著者の問題意識は、「藩閥勢力、ましてや『明治絶対主義』なるものが確乎たる一枚岩の『権力』を形成し、単に民権運動を圧殺した上で坦々として憲法制定への道を歩んだと考えること」（二〇二頁）にたいする疑問であった。分析を明治憲法第六章「会計」各項に限定して、種々の憲法草案間の議論の応酬を対比している、就中《なかんずく》モッセの答議を紹介しつつそれをロェスラーと比較してくれる。

例示的に著者の見解を示しておく。

「明治憲法にはロェスラーとモッセ、また伊藤と井上、あるいは君主主権論と国家主権論というそれぞれ対立する考え方の競合、ないし弥縫的な折衷の所産として見るべきさまざまの問題性が含まれていたものというべきであろう。明治憲法解釈の一義的明確性を妨げる要因は、そのような制定経緯の中にも充分に窺い得るところといわなければならない」（一九一頁）と。また井上毅の「立憲主義」に関しては、「『政府の意想は即ち天皇の叡慮にして、政事に就ては内閣と帝室の区別を立つる事能はず』、そのような一体としての『行政権』を法律の制約下におくこと」（一九四頁）を意味していたという。

第四論文「初期議会と晩年の井上毅」は、「極度にパセティックな、時に自暴自棄にも近い苛立ち」を増しながら、生涯の決算ともいうべき「立憲政」の実現を迫って一身を焼尽させた晩年、議会対策に従事したときの活動を整理している。自己の価値観への忠誠からくる理想主義的思考が政界での孤立を招き、病勢の悪化とともに右のような心理を昂じさせたという。

上流貴紳の腐敗による風教の乱れと官民の対立ないし国論の分裂、この二つが井上の処理しなければならないと考えた国内政治状況であった。井上のこれにたいする献策は、策謀ではなく徳義の原則で満たされていた。節倹によって政府自らを正すこと、民党も支持する挙国的政策を政府が「率先」して「誠意」をもって実行し「官民相譲る」状況をつくること、つまり官と民の利害対立を克服し、治者と被治者が一体化した「道徳共同体」（二九一頁）を出現させること、超然主義の立場でそれを行うことであった。しかし民党の強硬態度でそれが不可能となると「詔勅政策」という切り札を主張する。井上における天皇とは「国務の首長」であるとともに「社会の師表」であり、「国務」と「社会」とを統合する位置にあり「立憲主義」と折合う存在と考えられていたからである（二八九頁）。

第一議会には、民党の数的優位を前に政府側の節約主義、冷静な討議を求める公論主義など「低姿勢」の献策を出す。第二議会での献策は比重を戦術論に移し、一転して農業経済重視の「民力養成論」

の積極策を唱える。しかし民党接近派と強硬派が内部対立する松方内閣に失望し、井上は「解散」戦術を構想する。第三議会には一段と激烈な戦闘的方針、「詔勅政策」による超然主義維持の方針をはかり、伊藤博文の政党計画と反撥し合い、政治的孤立を深める。第四議会においては大運挽回を率先実行させるため、遂に「詔勅政策」の実施を直接天皇に上奏するほどの悲壮な動きをする。この政策は停会明けの明治二十六年一月実現をみた。

また伊藤内閣の文相になった最晩年の井上は、世の中のSitteの弛緩を眼前にして、「国家」よりも「社会」にのぞみを託し、あらためて旧慣としてのSitteを「人工的に補強しようと」企てていたのではないかと推理している（二八八頁）。

三

井上毅の文章と生涯には人を惹きつける力があるようで、本書の「あとがき」によると坂井氏も井上と取組んで「いつの間にか十年」たったという。その間いわゆる「『絶対主義』の権力政治家」という井上像に懐疑を深め、「正面から」この人の人物像を再構築しようと志した結果が、本書にまとまったという。この興味深い試みに挑んだときの著者は、「ポジティヴに新たな井上像」を、「一貫した人物像」を描き出そうとした点に特色がある。

「ポジティヴに」という方針の意味することのひとつは、この複雑で多面的な言行の主の思想と行動をあくまでも内在的に理解すること、このためにはさまざまな発言をそれぞれの「文脈の上に理解」(一〇七頁)することに徹したことであると考えられる。この人物の思考や行動にみられる二元性や多面性にたいして本書が「矛盾」という言葉で切断するケースが極めて僅かであったことが目につく。逆にこの種の難題にたいして著者は明快な質問を連投し、それにたいする定式的回答を与えたあとで熟慮した著者の解釈を加味しておく方法でもって複雑にして興味津々の井上像を呈示していったのである。一見矛盾にみえる多面性を、その多面性において納得可能に説明することを試みた点が、「ポジティヴに」井上像を描こうとした本書の魅力をなしている。したがって「安易に規定して終れり」(二〇一頁)とする井上像にたいしては、終始、批判的である。例えば、「佐幕的立場」の「政治的無関心の徒」(三五頁)、「対外的膨張」主義者(五二頁)、「悪しき啓蒙史学」的きめつけ(一〇五頁)、「法律万能主義」者(一一一頁)、「法実証主義の徒」(一二六頁)、「いわゆる伝統主義」者(一二七頁)、「権謀術数の策士」(二一八頁)という井上像には否定的、批判的である。

もうひとつ著者の方法に特徴的なのは「井上の思考様式」に、終始、固執している点である、「実をいえば本書の全体が、結局のところ、この問題をめぐっての考察ということにもなる」(二〇三頁)とすら語っている。思考様式に着目するならば青年から晩年にいたる井上毅のなかに、Sitteへの執着、治安価値優先、共同体型「社会」秩序にたいする愛着などが歴然と浮び上がる。井上の言行のなかには、当然のことながら、比較的変化した側面とあまり変らなかった側面とがあるが、「思考様式」に着目することはこのうちの「変らなかった側面」を摘出するうえですばらしく効果的であった。また「変らない側面」に視点を固定的に照射しつづけたことこそが、この複雑で多面的な人物を、しかも生涯におよぶ幅で、統一的に新しい一貫した井上像として描くことに成功した鍵をなしていると思われる。言行の奥に潜む「思考様式」を掘りあてた効果は、あたかも微分という解析法がさまざまな曲線の統一的理解を可能にするがごとくであった。

こうして本書では一貫して「井上の思考におけるある意味での古さと、それに伴うある種の理想主義的な性格とを強調すること」（三〇五頁）がなされた。本書で結晶した坂井雄吉氏の井上像を集約的に語っているのは次の一節ではあるまいか、「『近代』の到来を迎え、漸く『国家』が『社会』を呑み尽そうとする歴史の過渡期に遭遇しながら、なお自己の思考の世界を頑として守りつつ、他ならぬこの意味での『政治』（「安民安天下」、安定した人民の生活秩序の実現を指す。……評者）のために遂にはおのが身を焼尽させるまで献身して顧みなかったその軌跡こそ、とりもなおさず梧陰井上毅の生涯であったとなすのが筆者の解釈である」（二三四頁）と。

さて、明治以降の井上毅の言行のなかに伝統社会の価値観にたいする憧憬が潜んでいたという著者の主旨には評者も全く同感である。そしてこの明治維新という国家体制の巨大な変動期に生きながら、井上毅が二枚腰、三枚腰のねばりと柔軟性でもって自己の旧き信条に奉じた姿は感動的ですらある。わが国における保守主義研究は、転向研究のごとく保守反動に「変っていく側面」に注目してなされる傾向が強いのであるが、著者のように「変らない側面」から分析することは、保守主義のなかにある良質さを発見するうえで有効であると思われる。

「思考様式」に着目して変らない一貫性を描き出すこの手法の問題点を挙げるとするならば、井上における「変る側面」をいかに描くかという問題になろう。井上同様多くの同時代人は旧社会の価値観に固執したことによって硬直した伝統主義者、反動家として時代にとり残されていった。これにたいして、井上はなぜこれ程しなやかな適応性を持ちえたかという問題である。この点に関して著者が、たとえば井上のフランス留学経験を規定して、「彼自身は西欧法学から多くを摂取したと信じたにもかかわらず、彼はヨーロッパ留学を経験した後も少なくとも基本的な意味では『何事も学ばず、何事も忘れず』、実は自己本来の思考ないし価値意識を頑として守り続けたというも敢えて過言ではあるまい」（九五頁）というのはいかがであろうか。確かにそうであるかも知れない。しかしこう「変らない側面」を強調することで、「変った側面」が余りにも無視されることにはならないか。ある意味でいえば、「人は旅に行って自分の持っていたものだけを持って帰ってくる」（ゲーテ）ことは、井上のみならずすべての旅行者に該当することである。時勢にたいして粘り強くしなやかな二枚腰で対応した井上だけに、その「変る側面」の論理も興味をそそってやまない謎である。これは、西洋治罪法を「西洋芸術・東洋道徳」の思考のパターンで受容し「何ら異質なものと意識されなかった事実は、少なからず興味を惹く」（八八頁）と著者が語った謎を解いてほしい期待でもある。

　また、第一章における井上毅の朱子学との関連づけ方が気になった。通読して全体から受けた印象では、「井上の」という慎重な限定があるにせよ、朱子学徒井上毅というイメージが強烈である。しかし朱子学に染っていたという論証とともに、その井上朱子学の限界、伝統朱子学が彼においていかに修正主義的変容を遂げていたかという点も同時に考察されるべきではなかったか。西欧文明に遭遇したとき、この朱子学徒、井上は各国が独自性を守ることを「天」であるとし「道並行はるるの理」を発明したという。明らかにこれは、朱子学の非朱子学化、特殊主義化であろう。したがって朱子学徒として「理」に忠実であることと、「道並行はるるの理」にたいして忠実であることとは、形式的に似ていても内容的には全く別のことである筈である。井上朱子学にもっと限定を加える必要があったのではなかろうか。勿論著者はこのパティキュラリズム化の問題にも周到に目配りをしている。そして「彼がこの種の『理』（〝道並行はるるの理〟を指す。……評者）を彼の朱子学のなかに読み込み、そこに何の矛盾も感じなかったという事実こそ、むしろ他の何にもまして興味深い問題のように筆者には感じられる」（四五頁）と解答を留保しているが、この点も謎解きを期待したいのである。またもし著者が「矛盾」をみるのならば、その部分にはポジよりもネガの井上像を描き出すことが必要になるのではなかろうか。

　さて、著者が「『道並行はるるの理』こそは、……彼の朱子学といわず現実政治上の認識といわず、そのあらゆる思考ないし価値判断の究極の要《カナメ》をなす命題であり、これを核としてすべての思考、すべての認識が整然たる意味連関の上に位置づけられていた」（四五頁）と指摘した点は、就中、興味深い。結局これは井上毅における国風、習俗の発見ということではあるまいか。西力東漸の現実と遭遇したときに、横井小楠は西欧文明社会中に「唐虞三代の道」の実現を読み、元田永孚は小楠の論理を換骨して「唐虞三代」をわが「太神太訓」に置き代え、井上毅は「道並行はるるの理」を唱導した。小楠は朱子学を普遍化し、元田永孚、井上毅は特殊化した。しかし習俗を認識したことにおいて毅の思考が、三者の中では、一番政治的現実的であったのではなかろうか。政治の世界では習俗が普遍的な拘束力をもつからである。江戸社会でも明治国家でも、「習俗」は統治秩序の安定という課題のために体制を超えて需要された要素であったと思われる。井上の思考様式が明治以降も存在価値をもちつづけたのはこの辺にも由来しているのではないか。その内容は、「民情の自然」の尊重なのか「旧慣の押しつけを意味しなかったか否か」（二一八頁）の問題性を含むにせよ、井上も井上なりに明治国家内における「社会のステイツマン」であろうとしたことが本書によって示唆されていて興味深い。

その他細かい疑点を一、二挙げると、西欧治罪法の取捨に際して、「彼なりの理解における人民の『自由』尊重の意識」（八七頁）がみられたという表現があるが、「人民の意思」をわざわざ「民の好み」と意訳した井上、つまり人民の意思を嫌悪する人物に「自由」という言葉はありえないのではあるまいか。またときどき使われる「非政治的」「政治的」という形容（特に第四論文）も気にかかった表現であった。地方自治に関するドイツの制度とフランスの制度の使い分けをめぐる説明は、まだ評者には理解しにくい。また「徳の体現者」「超法律的存在」としての天皇というイメージを描いた井上と従来からの「絶対主義者井上毅」という範疇とはどう整理するのが一番生産的なのだろうか。最後に、原資料引用にに際して、カタカナ体をひらがな体に直した配慮は、読み易くなって大変有難かった。ついでに漢文を引用する場合も書き下し文にしていただけると一層有難いと思う。またそれの必要な時代になっているのではあるまいか。**（東京大学出版会、一九八三年、A５判、三二〇頁、五六七〇円）**

（『史学雑誌』第九三篇、第六号、一九八四年六月）

本山幸彦編『京都府会と教育政策』

はじめに

この書評論文は、もともと日本史研究会編集委員会の依頼を受けて『日本史研究』氏のために今春（一九九一年）執筆したものであった。ところが同誌掲載に際して、なぜか同編集委員会（組織名のみで委員氏名は一切匿名であった）から、以下の一七六頁のカッコ内の文章「（もっともこの論集も玉石混淆の感はまぬがれず……無断引用の目立つ作品もあった）」の部分を削除し、「それ以外の部分は、そのまま採用」したい旨の申し出をうけた。評者はそれに不承諾の返事を出したところ、掲載拒否を言い渡されたものである。しかし別に事実に反する記述がある訳でもないので、あえて全文をそのまま掲載して、読者のご批判を仰ぐこととした。文章が一部『同志社法学』にそぐわないのはこのためである。

1

研究者稼業の集団をあえて「業界」と書くならば、この業界ではさいきん研究の専門化と人脈の細分化がとみに進行している。それは専門用語とよばれる仲間言葉を発達させながら、閉鎖集団化を進行させがちである。この影響は書評にまでおよび、業績と人脈との公私混同や、仲間ぼめあるいは村八分といった書評カルテルを発生させることも起る。ところが今回、政治思想史専攻の評者に、教育史「業界」から書評を依頼された。外野席から、歯に衣を着せずに評論することが責務かも知れない。しかし、この大冊を通読する好機に恵まれ、一通り目を通した今、その多岐におよぶ諸論文のゆたかな内容を評するのは、気絶しそうな課題であることを悟って後悔している。そこで以下では外野からこの「業界」を眺めた者としてのマクロ的な印象を記して責をふさぎたいと思う。

2

本書は明治期の京都府会で論じられた教育論議を項目別に整理して分析を試みたものである。本山幸彦氏を主宰者として長年続けられている共同研究の一環をなす業績であって、本書も十四名の共同研究者によって書かれている。論稿のいくつかは京都府会開設（明治十二年三月）前に遡るが、多くは開設時を起点とし、明治四十五年をもって下限としている。扱われた項目の多岐性はつぎの目次一覧に明らかである。

序　章　京都府会と教育問題　本山幸彦
第一章　京都府会の制度的背景と議員選出基盤　小山常実
第二章　明治期京都府の教育政策　小股憲明
第三章　府財政と教育予算　長谷川精一
第四章　京都府会における中学校論議－明治前期　小林嘉宏
第五章　京都府会における中学校論議－明治後期　伊藤和男
第六章　高等女学校教育　小山静子
第七章　京都府会と府師範学校　尾崎ムゲン
第八章　女教員養成教育に関する論議　伊藤悦子
第九章　京都府教育会の教員養成事業　梶山雅史
第一〇章　郡視学代用教員　三原芳一
第一一章　商業教育・工業教育論議　呉　宏明
第一二章　農業教育　笹尾省二

第一三章　高等教育機関誘致運動

巻末資料

中村隆文

序章から第三章までが総論、以下一三章までが項目別に論じた各論であり、さらにていねいな巻末資料がついている。

本書でまず目立つのはその部厚さであろう。ある厚さをこえた書物は、読むものから索くものへと利用法が変る。本文六四五頁、巻末資料約一〇〇頁になんなんとする本書にも、多分にその運命が予想される。またそれを予期した配慮が、「序章」と「巻末資料」に施されている。しかしそれは前者において失敗し、後者において成功しているように思われる。

巻末資料他として掲げられたものは、人名索引、事項索引、京都府会重要議員履歴表、それに年表風に整理された京都府財政の表である。このうちで二つの索引は、合計三五頁におよぶ詳細なものであって、これを上手に活用することによって、この大冊の必要箇所を検索して機能的に解読できるようになっている。また議員履歴表は、一三八名の京都の地方有力政治家の出身、学歴、職歴、政治家としての活動歴等を概説したもので、これは教育史のみならず、政治史、地方史の研究者においても有益で重宝な情報源となろう。これら巻末資料は、いわばこの大冊の末梢神経系であって、本書を蘇らせ、本書を活性化させるものであると思われる。

これに反して本書の中枢神経系ともいうべき「序章」の出来は不十分の感をまぬがれない。序章は、編者であり、本書誕生の源となった共同研究の主宰者でもある本山幸彦氏によって書かれた。まず時代区分法を説明し、つぎに収録論文の要旨を紹介している。だれもが最初に注目する箇所はここであろう。まして本書のように多岐的観点を多数の執筆者で執筆したばあい、序章に課せられた使命は重い。大冊であるから、さしあたりここしか読まない読者も十分考えられる。しかし、私には文章が判りにくく難物であった。いささかおどろおどろしい分析用語が使用されるわりに、それを説得する論証性に欠け、明晰さと論理性に乏しいための苛立ちを感じたのは評者だけであろうか。

たとえば、第二期における中学校論説解義の冒頭はつぎの文で始まる。

「まず、中学校からみていくが、府当局は明治二六(一八九三)年度連帯府会に、しばらく地方税支弁から離れ、大谷派本願寺の手で維持されていた、尋常中学校予算案を出し、府会もこれを可決した」(三三頁)。

ほとんどの読み手は当時の京都府の中学校事情を知らない。知らないからこそそのイメージを得ようと読むのである。そこでいきなりこのような文章に出合うと面喰ってしまう。文章から直截にイメージが得られないので、もう一度論理を追って読み直してみた。しかし読点の多いこの文章は論理性を追うにも難物で、内容を会得するのには時間がかかってしまった。

さて時代区分論にうつる。本山幸彦氏は京都府会における教育論議を三期に区分した。第一期(知事と府会の〕対立時代、明治十一年～二十三年。第二期 協力の時代、明治二十三年～三十二年。第三期 妥協の時代、明治三十二～四十五年と。この時代区分自体には評者もそう不自然さは感じないが、問題は、先に結論があって後から理屈を付すという手続きにある。説明によればこの時代区分は、かつて帝国議会の教育論議を素材にして国家レベルの問題を分析した際に作ったもので、それをそのまま京都府会に適用したものだという。この手法も有りえなくはない。しかしつづく論証が余りにも貧弱なのである。本山氏は京都府会の時代区分を、「主として府会の開・閉会の時に表明された知事や議長の告辞、答辞」によって証明しようと試みる。しかし紋切り型の抽象的なアイサツ用語の微妙な変化を分析した説明は、理屈をつけ足したという感が強く、説得力を欠いている。むしろ知的不信感をいだいてしまった。論点として挙げた知事と府会の政治力学で時代区別を立てるのならば、そもそも府会に出てくる議員層の分析――かれらがどれ程自立した地方中堅集団なのか、いつごろから中央権力に寄生する中間集団に化したか、等への目配りは不可欠であろう。また中央政界における山県閥と政友会との確執の京都地方における現われ方なども考慮に入れるべきではなかったか。さらに各論部分を読むと各執筆者によって、時代区分の設定が微妙にズレていることが分る。その相違を明示した上で編者としての見識を示すのが序章の時代区分論の課題ではなかったろうか。

また序論後半の収録論文要旨の紹介も、各論文の主旨やイメージを伝えそこなっているように思われる。年表の文章化以上のものを読者は期待するものである。

評者は、序章よりもむしろ、小股憲明氏の第二章によって、本書の概観が得られたように思う。この部厚い本にとり組むには、まず第二章から入る方が良いのではなかろうか。「明治期京都府の教育政策」と題された小股論文は、政治史、地方行政史、さらに日本近代史全般にたいする配慮を蔵しており、バランスある視点に立っているからである。小股氏は明治期京都府の学校政策を、知事に対応させて四期に分けた。愼村正直知事時代の前史――専制的開明政策時代。全盛期の北垣国道知事時代の第一期――任地の実情を尊重して政策実施をする「任地主義民治」時代。北垣知事末期からその後の頻繁な知事交代のつづく第二期――動揺と定着化の時代。大森鐘一知事の第三期――長期安定知事の下での教育事業の拡張充実の「積極主義の方針」時代、である。小股論文はこの四期に明晰な分析を試み、判明なイメージを提供してくれる。

3

収録論文の個別的検討はさし控えたい。これだけ大冊であっても、各論文が十分論述を展開するには紙幅は足りなかったように思われる。しかし紙幅が限られている場合でも、余りにも断片的な議事録引用よりは、少し長めに紹介してある方が臨場感が伝わり、資料的価値の高い論稿となっている。また執筆者がどれ程近代史の背景や文部行政の動向を押えながら府会論議を分析したか、によって出来栄えの差を生んでいる。

ところで府会議事録を分析して京都府教育を考察するという手法の有効性と限界をどう考えるべきであろうか。

たとえば、京都府会における教育論議の大半は予算措置をめぐる論争だった、という特徴がある。もちろん予算の背景には教育構想や理念の争いがあったと思われるが、直接には金銭支出の是非が問題とされた。したがってある学校への支出をめぐる受益者層と府税負担者層との確執は、頻繁に起った論議であった（たとえば小山常実論文の扱った市部議員と郡部議員の対立）。しかし逆に京都府教育に大きな影響をあった制度、機関、行事、伝統等でも、府会予算に無関係なものは、話題にもならないという限界があったのである。

その一例が府立中学校論である。小林嘉宏論文は明治二十二年までを扱い、伊藤和男論文は明治二十六年以後を扱う。その中間の三年間は無視されている。この空白が生じたのは、この間、今日流にいえば第三セクター方式が取られ、大谷派本願寺の資金によってこの中学校が経営されたために、府会議事録に記録が残らなかったからである。しかしこの様な経緯自体も論じなければ府立中学校論としては片手落ちとなろう。

また明治二十六年に、府立中学校として復活する背景には、中央で推進した森有礼の一府県一中学校政策の破綻がある。地主および成長した都市中間層は子弟用の中等教育機関の拡大を求め始めた。それが明治二十四年の「中学校令中改正」を実現させ、中学校増加をもたらしたと評者は考えるが、この全国的傾向という議事録に書かれない側面を含めた京都府中学校論も期待したいものである。

さて府会論議を社会階層と結びつけた論文は精彩をもってくる。たとえば笹尾省二論文では、府では「農事改良の指導者」として生きる「地主層の養成」をもくろんで府立農学校の経営に力をいれたが、肝心の地主層は子弟を「農学校」よりも「中学校」に進学させた事実を明らかにした（五九三頁）。予想されたことであるが、日本の地方名望家層の動向を示唆して興味深い。

ところで府会全体の議論に占める教育論議の比重はどれ位だったのだろうか。歳出に占める教育費は六%↓一七%に上昇したというから（五一頁）、相当の比重と思われるがこの辺の概略も知りたい点である。逆にまた京都地方の学校や教育界に与える府会の影響力はどの程度であったのだろうか。この点の解明こそ本書企画の成功の鍵をなすと思われるが、その分析のためには、もっと教育現場におよぼす非府会的因子にも目配りを行うことが必要となろう。

いろいろ今後への注文を出してしまったが、本書は府会議事録を発掘した点、そして京都府の中学校、女学校、師範学校、教員養成制度、職業学校、旧制高校、さらには京都府独得の郡視学代用教員制度、半官半民団体「京都府教員会」の隠然たる実力、等を描いた点で、含蓄深い、利用価値の高い労作であることには違いない。

4

最後に本書の「まえがき」で提起された問題について触れておきたい。教育学の分野ではこれまでにも共同研究が多かったし、京大人文研は有名な共同研究のメッカである。この両分野にまたがって立つのが本研究の主宰者本山幸彦元京都大学教授である。共同研究を組織して二十年、ひとつのテーマを追跡してきたという。その維持力の強靱さと着実な成果は驚異に値するものがある。最初の業績、『明治教育世論の研究〔上・下〕』（一九七二年）を読んだ当時、新鮮に感じたことを思い出す。この研究は、それまで誰もが見逃し手を付けていなかった諸総合雑誌の中での教育論議を発掘して、「教育世論」の概念で整理した労作であった（もっともこの論集も玉石混淆の感はまぬがれず、珠玉の小品、野沢正子「第五章世界主義」もあれば、菅井鳳展論文のように松沢弘陽「明治社会主義の思想」からの無断引用の目立つ作品もあった）。ついでやはり共同研究の業績、『帝国議会と教育政策』（一九八一年）を刊行して、文部行政に向って発言する国会議員の声を分析した。そして本書では京都府をケースとした地方議会の教育論を発掘した。

それらを通して本山幸彦氏は、〝政府・文部省が中央集権的に推進してきたとされる文部行政といえども、民間、地方の立場からとらえ直すとき、必ずや産業界、経済界、政界、言論界、教育現場等の社会的諸分野の利害、要請が反映しているのであって、そこを下からの視点に立ちながらとらえ直す、教育政策を再考する〟ことを目標においていた。この問題提起は在来の日本教育史に根本から再考を迫る画期的なものだと思う。「文部省史観」とでも形容すべき中央指導型教育史を当然とする呪縛から、いわゆる革新派教育史家も含めて、離脱できないでいるのが教育学界の現況だと、評者も思うからである。本山幸彦氏の仕事は日本教育史の新しい方向づけにパイオニア的役割を果すものである。

この流れの中で「明治期における地方教育政策形成過程の研究」をテーマにして京都府会を対象にしたのが本書である。「まえがき」によれば、あえて「地方の政策形成過程」という概念を大胆に選択したという。ここにこの共同研究会の意識が集約的に表明されている。しかし内容を読んだ感じでは、政治学的には「政策形成過程」というよりも「政策実施過程」の研究といった方が、実態に忠実であるように思われる。「地方の政策形成」というタームを、執筆者の問題意識に発する「当為価値」としてではなく、帰納的に実証しうる事実、「事実価値」としてまで把握しうるであろうか。「まえがき」では、「要するに京都府当局と府会は、国家の教育政策に忠実であるよりも、地方の実情、何よりも地方の利害を優先させていたと考えられるのである」（v頁）ときわめてつよく明断している。しかし、ここにいう地方の利害優先という定式は、「そうしようとした」意図の問題なのか、それとも「事実そうなしえた」という事実問題として断言しているのか？　評者が通読した印象でいえば、後者の論証に成功したようには思えなかった。

土俵上で小学生が若花田に押し出されたとき、物理学的には小学生も同等の力で若花田を押していたといわれる。しかしそれは両者五分に対決したわけではない。本書は、同様の誤解を国家と民間の間に想定してはいまいか。たしかに国家が圧倒的権力をもって教育政策を地方に命令した場合でも、受け手の地方は自分の利害にもとづいて対峙する。しかしだからといって、すぐ国家忠誠よりも地方利害を先行したとはいい切れない。意図はともかく現実は、どちら側に押し出されたかの事実をもって判断しなければなるまい。

その分析のためには、京都府の中間団体がどれ程自立的でどれ程国家寄生的であったかに注目すること、さらにはそれに時間の変数を加味する視点等が、もっと重視されるべきではないか。本書は、新しい教育史構築にむけての開拓の第一歩を切り開いた。しかしそれを完成するにはまだまだ遠大な行程が横たわっているように思われる。**（日本図書センター、一九九〇年、A５判、七五四頁、一万四七〇〇円）**

（『同志社法学』第二一六号（第四二巻第四号）、一九九〇年十一月三十日発行）

齊藤智朗著『井上毅と宗教　明治国家形成と世俗主義』

本書は国学院大学に提出された博士論文を刊行したものである。著者は「本書の課題」（序章）として、「世俗化」「世俗主義」をキーワードに明治国家形成を解明すること、および井上毅の思想・政策における「伝統」と「西洋」の整合性の検討を掲げた。全体で一〇章立ての構成をとり、井上毅における明治憲法、皇室典範、神祇院設置問題、教育勅語、神道、キリスト教、儒教、「文明」などの諸点に論及している。また著者が所属する国学院大学の梧陰文庫（井上毅文書）から原資料を駆使して作成された点も大きな特色である。

序章に「『世俗化』を国家が政治的に宗教性を放棄していく過程（所謂ライシテ）と規定し、明治国家形成における井上毅の『世俗化』政策構想の諸相を提示する」とあり、世俗国家と宗教国家を対比概念に用いて、大胆な作業概念設定にそって論述を進める。過去の研究史を整理して、「近代日本国家（著者は明治国家をこう呼ぶ）」を「『国家神道』の文脈から、一種の擬似宗教国家とする見方」が長く続いてきたが、「近年では近代日本国家を『世俗国家』と捉えるようになっている」として、著者は自らの立場を後者の線上におく。

本書の特徴と難点は、その作業概念にある。本書のキーワードに使われる「世俗化」、「世俗主義」、「井上の世俗主義」、「世俗国家」、それらと関連する「政教分離」の定義が今一つ判然としない。きわめて厳密でなければ誤解が生じる学問用語があいまいな使われ方をされており、混乱させられる箇所が少なくない。全巻を通読すれば納得がいくかと思ったが、むしろ疑問が強まった。魅力的なタイトルに魅かれて繙いたが、率直に言って、読みにくい本であった。

著者は戦前の日本国家のことを「世俗国家」であって「宗教国家」でないと規定するが、これは何に基づいているのだろうか。井上毅によって作られた帝国憲法二八条のなかに信教の自由、政教分離を定めた条項があるからだろうか。あるいは神社を非宗教と定めた政府見解の故であろうか。しかし昭和にはいると「祭政一致」を新内閣の綱領とした平沼騏一郎内閣も出現したではないか。それとも儒教から怪異性を排除した徳目を用いて教育原理としたからであろうか。ところで西洋における「世俗国家」の観念には、政治権力は内面的価値に干渉しないという「中性国家」の含意あるが、著者の「世俗国家」の定義ではこの問題をどう認識しているのだろうか。序章の説明では、この点に無関心である。

著者は教育勅語を「世俗主義」の政策であったと想定しているようであるが、その意味も判然としない。現世的日常的倫理をちりばめた教育勅語、それを国家教育で管理強制することは一種のシビル・レリジョンの公布であり、すなわちキヴィタス（国家）による公認宗教といえるのではないか。それを

「世俗」でひっ括るところに混迷の源泉があるように思われる。

ところで著者は本書の終章で、その教育勅語をめぐって「教育と宗教の衝突」が起きた史実を指摘し、井上の「世俗主義の限界の一端が窺える」（三一九頁）とする。しかしむしろこの記述から明らかになるのは井上の限界ではなく、著者が「世俗主義」という方法論的概念を用いて井上を分析しようとする手法の限界ではないか。本当に井上毅の思想・政策を分析するのに「世俗主義」は有効な作業概念だったろうか。

また、このような発想をすること自体、著者は「世俗主義」という概念を研究上の作業概念としているのか、井上毅の思想内容説明用の実態概念としているのか、の疑問が起きる。どうも後者のようである。とするとこれは、井上毅イコール世俗主義者、と設定しておいて思考する姿勢、初めから井上毅についてのモノサシを定めておいて、それに適合する資料を当てはめて論文を書いた姿勢がありはしないだろうか。というのは資料をしておのずから語らせるべき引用作法において評者は所々に不満を感じたからでもある。

根本問題は、近代日本史上に、著者のいう「『世俗化』を国家が政治的に宗教性を放棄していく過程（所謂ライシテ）」とみることの有効性にあろう。そもそも日本の場合、井上毅が世俗化に取りくむ必要があるほど国家が宗教的だった事実があっただろうか。あったとすればいかなる形態で存在していたか教えていただきたい。

評者にいわせれば、織田信長が石山寺の合戦で勝利したとき以来、この国は「世俗国家」であった。ただしそれは著者の見解とはちがって非宗教国家を意味しない。宗教は政治のしもべ、「治教」として治安上重要な役割を与えられ、治安の用具に成り下がって存続してきたのである。日本は、宗教政治の国ではないが政治宗教の国であり、政教融和政策をとってきた長い歴史がある。世俗国家であると同時に政教非分離・政教融合国家であった。

井上毅が慧眼にも着目した西洋の「公認宗教」システムに食指を動かしたのは、この伝統と無関係ではあるまい。そして井上毅が作り上げた明治国家もまたこの日本の伝統に忠実な、現世的政教融合国家であった。井上が明治憲法二八条で信教の自由を定めたのは、評者にいわせれば、西洋向けに信教の自由、政教分離の存在を「偽装」するためであった。井上毅の言葉を用いれば、信教は法律上「自由」であるが、行政上「不自由」に運営された歴史は明白であるからである。やはり日本は国家宗教の国だったのではないか。

終章の〝おわりに〟の節で、著者は「井上の世俗主義は神道も対象としていたのである。また、こうした井上の天皇・皇室の祭祀や国典講究を含めた『神社非宗教』に基づく世俗主義は、そのまま天皇の世俗君主化を表しており、この意味において、井上は明治日本の近代化を、天皇を中心とする『世俗国家』化として志向したものと見ることができよう」と結論づけているが、この文章の意味そのものが評者には理解できなかった。特に一九三〇年代、四〇年代、天皇機関説が排撃され、国体明徴運動の高揚するなか天皇神聖、「現人神」が支配する国家として燦然と光輝した歴史があり、その出現には井上毅の創った教育勅語の国民的普及の輝かしい成果でもあったことを想起すれば、とても井上が非宗教的世俗国家主義者とはいえないのではないか。それとも井上構想はその後の歴史に裏切られたのであろうか。

評者には、著者の論文指導教授でもあった故阿部美哉氏が行った戦前の日本国家についての、次の説明の方が明快である。いわく「古くから日本民族、日本の国家と深く結びついていた神道を土台に国家神道という一種の宗教的ナショナリズムを形成した我が国」、戦前日本を支配していたナショナリズムは「世俗的ナショナリズム」というよりも「宗教的ナショナリズム」であった、とする説明である(阿部美哉編『世界の宗教』放送大学教育振興会、二三一頁)。この「宗教的ナショナリズム」の国を「世俗国家」(序章の一一頁)と捉えるのは、いかがなものであろうか。

井上毅の思想・政策における「伝統」と「西洋」の整合性の問題を取り上げて、井上毅のなかで両者が矛盾を含みながら存在していた事実には評者も異存はない。ただ著者がこの問題に言及するとき、「儒教ヲ存ス」の一節「治具、民法、農工、百般ハ之ヲ西洋ニ取リ、支那ノ衰風ヲ刪リ、又名教倫理ノ事ニ至テハ、断然天下ニ布キ示シ、古典国籍ヲ父トシ、儒教ヲ以テ師トシ……」を何度も引用するに止まり、内容に踏み込んだ分析をあまり行わないのは、学術論文としては不十分の感をまぬがれない。

著者における「伝統」イメージには「和魂洋才」、「東洋道徳」と連動する美しくロマン化された響きがある。しかし、井上毅における西洋と伝統の接合問題の一例を明治皇室典範で眺めてみれば、著者のように和歌「外つ国の千種の糸をかせぎあげて大和錦を織りなさはやな」（もともとこれは渡辺国武宛て書簡のもの）を唐突に引用して、「明治日本の法制度の整備全体における伝統法と西洋法との融合に努めてのである」（二一一頁）と指摘するだけではいかにも物足りない。

井上毅は「西洋」にならって皇室典範を明示的に法文化する努力をする一方で、私生児による王位継承を厳しく排除する西洋法の原則は採用せず、側室の子、「庶出ノ男子」にもたびたび皇位継承をみとめてきた日本皇室の「伝統」を生かす典範を作成した。西洋と伝統はこのように具体的な問題で整合を図られていたのである。心情論としてではなく、井上毅の思想・政策においてはどこの部分に「伝統」を、どこの部分に「西洋」を用いたか具体的に検証して、また他の識者の場合と比較するなどして論旨を展開すべきではなかったか。

著者が本書のためにエネルギッシュに渉猟した読書量は大変なものがある。幅広くまた最新の研究も網羅していることには敬意を表したい。ただ残念なことに勉強の成果を盛り込みすぎて論文構成力を弱めている。集積した情報の質を査定し考察し、もっと限定的に引用する必要があったのではないか。論旨に無関係ではないということで関連情報をちりばめたために、広範な情報提供がかえって論文の質の悪化になることもあるのである。

他方で、背景事情を知らない読者に不親切な省略もある。明治皇室典範を論じた第三章を例にとれば、いきなり「再審会議の席上」（九二頁）と書かれても、それが「枢密院会議」であることを察知しうる読者は少ないであろう。なによりもまた井上毅のような政策立法家の文章を使用する際は、それが書かれた時期や政界状況を丹念に考慮して解釈する必要があるのではないだろうか。（弘文堂、二〇〇六年、A5判、三五二頁、五四六〇円）

（『日本歴史』第七〇八号、二〇〇七年五月号）

■著者略歴

伊藤彌彦（いとう　やひこ）

1941年　東京都生まれ
1965年　国際基督教大学教養部卒業
1973年　東京大学大学院法学政治学研究科博士課程修了
現　在　同志社大学法学部教授

主要業績

『日本近代教育史再考』（編著：昭和堂，1986年）
『維新と人心』（単著：東京大学出版会，1999年）
『のびやかにかたる新島襄と明治の書生』（単著：晃洋書房，1999年）
『新島襄の手紙』（編集：岩波文庫，2005年）
『明治思想史の一断面——新島襄・徳富蘆花そして蘇峰』（単著：晃洋書房，2010年）
『新島襄　教育宗教論集』（編集：岩波文庫，2010年）
『未完成の維新革命——学校・社会・宗教——』（単著：萌書房，2011年）
ほか多数。

自由な国の緘默《かんもく》社会

2012年3月31日　初版第1刷発行

著　者　伊藤彌彦
発行者　白石徳浩
発行所　有限会社　萌《きざす》書房
〒630-1242　奈良市大柳生町3619-1
TEL（0742）93-2234 / FAX 93-2235
［URL］http://www3.kcn.ne.jp/~kizasu-s
振替　00940-7-53629

印刷·製本　共同印刷工業・藤沢製本

ISBN978-4-86065-065-0

伊藤 彌彦著

未完成の維新革命 ——学校・社会・宗教——

A5判・上製・カバー装・280ページ・定価：本体3000円＋税

■「多事争論」を謳った明治の世が，いつしか「非国民」の声に戦々恐々とする「猜疑社会」の昭和に成り下がったのはなぜか。その諸相を，明治維新期における学校制度や宗教政策の策定過程およびその意味の精緻な分析により論究した刺激的書。

ISBN 978-4-86065-057-5　2011年3月刊

米原謙・長妻三佐雄 編

ナショナリズムの時代精神 —幕末から冷戦後まで—

A5判・並製・カバー装・302ページ・定価：本体2800円＋税

■各時代のナショナリズム像をそれらが展開された言説空間の中で再現し，併せて，福澤諭吉・長谷川如是閑・橋川文三等のテクストを具体的な時代状況と関連づけて読み直し，そのナショナリズム観を描出。

ISBN 978-4-86065-052-0　2009年11月刊

ロナルド・マンク著／櫻井公人・髙嶋正晴・藤田悟 訳

現代マルクス主義のフロンティア

A5判・上製・カバー装・254ページ・定価：本体2800円＋税

■マルクス抜き未来などありえない！　デリダ晩年のこのあまりに有名な示唆を踏まえ，ポストモダン・マルクス主義の視座から，環境・フェミニズム・労働・国家など，きわめて今日的問題群を丹念に検討した浩瀚な書。

ISBN 978-4-86065-055-1　2010年 3 月刊